俳句で祈る

平田栄一 著

サンパウロ

目次

目　次

I

キリスト者が読む山頭火

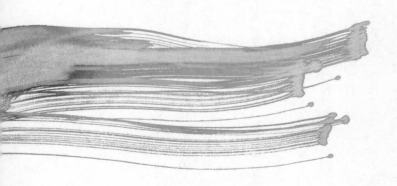

山頭火とキリスト教

〝山頭火ブーム〟は十年おきくらいに繰り返し来るそうです。それが日本の景気の波と一致している、などという説もあります。五七五で季語の入っている有季定型俳句に対して、山頭火が作ったのはそうした縛りにとらわれない自由律俳句と呼ばれるものです。

彼の句の魅力をひと言で言えば、小学生にも読めるくらい易しい言葉で書かれていながら、読むほどに深い味わいが出てくるということでしょう。彼の稀《け》有《う》な生き方と相まって、作品的には、おそらくこのことが長い間多くの人たちに山頭火が読み継がれてきた要因と思われます。その放浪俳人、種田山頭火については、すでに多くの研究がなされ、書物が出版されています。

私は二十代半ばでカトリックの洗礼を受けた頃、それまでまったく興味のなかった自由律俳句に一気に魅せられ、山頭火の所属していた俳句結社「層雲」

に入門しました。以来、『定本　種田山頭火句集』（弥生書房）一巻は聖書とともに、私にとって座右の書となっています。山頭火はキリスト者ではありませんでしたが、俳句だけでなく芸術や人生全般について、私に大いに示唆を与えてくれました。そういういわば心の恩人について、私もいずれ何かを書いてみたいと、ずっと思っていたのです。

右に触れたように、山頭火の人となりや句を解説している本は、すでにたくさん出ています。そこで私としてはこれまでになされていない試みとして、一人の日本人キリスト者という立場から山頭火を味わってみたいと思うのです。

「日本人とキリスト教」という大きなテーマを背負って、作家の遠藤周作や私の信仰の、また人生の師である井上洋治神父は、大きな仕事をされてきました。この「キリスト者が読む山頭火」という小文は、お二人から多くのことを学んだ私なりの小さな試みでもあります。

既刊『俳句でキリスト教』（サンパウロ）では、おもにキリスト信仰に直結するキーワードを含むさまざまな俳人の作品を取り上げました。しかし当然といえば当然ですが、山頭火は仏僧ですからそのような句はほとんど作っていません。そこで私は、山頭火が句に詠み込んだある言葉をきっかけにキリスト者として連想を広げていく、という我田引水的な方法をとりました。しかしそうしていくうちに、山頭火と聖書の世界に共通する精神が見えてくるようにも感じたのです。やがて山頭火の世界とイエスの教えは、けっして矛盾するものではない、という確信を持つようになりました。

近年『寅さんとイエス』（米田彰男）のような本も出ていますが、正直に言うなら、山頭火や〝葛飾柴又の寅さん〟がキリスト者になる（なれる）ような日が来なければ、日本にキリスト教は根づかない、そんな思いをひそかに抱いています。その内実も読み取っていただければ幸いです。

沈み行く夜の底へ底へ時雨落つ

大正四年山頭火三十四歳の作。

彼はこの年十月に俳句の師、荻原井泉水と山口で初めて会います。防府の俳壇で中心的な存在として活躍しだした頃です。しかし不眠症により、おそらくこの時期から鬱傾向にあったであろう山頭火の作品には陰りが見えはじめます。

底知れぬ夜の闇に吸い込まれるように、次から次へ「時雨」が落ちていく……どうしようもなく沈み込んでいく山頭火の心を象徴するかのように……。

しかしそれだけの句なのだろうか、とも思うのです。

山頭火の句の魅力はさまざまに語られますが、その一つに、どんな深刻な題材を詠《うた》っても、どこかにスーッと突き抜ける軽みがある、という点が指摘できます。また逆のことも言えます。つまり、さらりと詠った作品のなかに、生死の一大事を問うている、といった具合です。

〈わが神、わが神、なぜ私をお見捨てになったのですか〉（マルコ一五・三四）

イエスは、十字架上でこのように叫びました。この言葉の意味については、古来、さまざまな議論が続けられてきました。それは、〝イエスが神の子・キリストである〟ことを証言する福音書に、神からイエスが「見捨て」られたかのような言葉を、しかもイエス自身が言ったものとして残しているからです。『マルコによる福音書』より新しい『ルカによる福音書』では、この言葉を削除し、

〈父よ、私の霊を御手に委ねます。〉（ルカ二三・四六）

という言葉に置き換えた節があります。福音記者ルカが『マルコによる福音書』とは別の資料を持っていたのかもしれませんが、読者に誤解やつまずきを与えるようなイエスの言葉をあえて避けたとも考えられるのです。

また、この叫びは旧約聖書の詩編二二の冒頭の言葉でもあり、イエスはこれを最期に唱え始めたのだ、という説もあります。そしてこの詩編は、やがて神への信頼と賛美をもって終わっているのです。

……

〈わたしの魂は必ず命を得
主のことを来るべき代に語り伝え
成し遂げてくださった恵みの御業を
　民の末に告げ知らせるでしょう。〉（詩編二二・三〇～三一、新共同訳）

いずれにしろ、「沈み行く夜の底へ底へ」時雨が落ちるように、イエスはこの世の虚無の深淵に身を落としたのだ、と私は思います。しかし、そのどん底からの叫びは、「わが神！　わが神！」と間違いなく神に向けられているのです。それは根底に神への信頼がなければ発せられない言葉ではないでしょうか。神も仏もありはしない、というところからはけっして出てくる叫びではないのです。

そしてこのこと――イエスがどん底に落ちても神への信頼を失わずに叫びを上げ、やがて復活によって神の国に受け入れられたということは、この世の苦悩のなかで神への信頼をしばしば失いがちな私たちにとって、大きな慰めと励ましにもなるのです。

松はみな枝垂れて南無観世音

句集『草木塔』の巻頭にある句です。

種田山頭火（本名正一）は、明治十五年十二月、山口県佐波郡（現防府市）に生まれました。その生家は近所で「大種田」と呼ばれるほどの大地主でした。ところが、山頭火が十一歳のときに母フサが自殺します。「私一家の不幸は母の自殺からはじまる」と日記に記しています。

長じて、学業の放棄、家業の倒産、結婚・離婚、転・退職……波乱と苦渋に満ちた生活のなかで、自己嫌悪は頂点に達します。そして自殺未遂——。

山頭火は、こうした人生遍歴を経たのち大正十四年、四十四歳で曹洞宗に出家得度し、三月には肥後植木町にある味取観音の堂守になります。

観音堂へ続く石段の両脇には、松の大木が幾重にも枝を垂らしています。静寂のなかでこの石段を一つ一つ踏みしめる山頭火の脳裏には、来し方四十数年のさまざまな思いが去来したことでしょう。

掲句には、苦渋の果てにやっと落ち着く場所を得た安堵が感じられます。この「松」の「枝」とともに、さらに山頭火自身があたかもその「枝」となって「観世音」菩薩に頭を垂れ合掌する、そうした姿を彷彿とさせる作品です。

〈私につながっていなさい。私もあなたがたにつながっている。ぶどうの枝が、木につながっていなければ、自分では実を結ぶことができないように、あなたがたも、私につながっていなければ、実を結ぶことができない。私はぶどうの木、あなたがたはその枝である。人が私につながっており、私もその人につながっていれば、その人は豊かに実を結ぶ。私を離れては、あなたがたは何もできないからである。〉（ヨハネ一五・四〜五）

イエスは「ぶどうの木」であり、キリスト者は「その枝」だと言います。枝が幹につながっていなければ豊かな実を結ぶことはできません。山頭火の観音堂の「松」も大地にしっかり根を下ろし、その幹につながっているからこそ、「枝」は頭を垂れて観世音菩薩に帰依するのです。観世音菩薩は、世の人々がその名を唱えるのを観じて、大慈大悲を垂れ、解脱を得させるという菩薩（修行を経て未来に仏になる者）です。山頭火は謙虚に過去を悔い、観世音菩薩の大慈悲に一途にすがって救いを求めるのです。

元牧師で心理学者の岡野守也氏は自らを、「キリスト教出身でかぎりなく大乗仏教に近い」立場にある者として、イエスを「美しき菩薩」ととらえ、次のように述べています。

〈伝統的キリスト教からやや遠ざかり、かぎりなく大乗仏教に近づけば近づくほど、イエスという人のことは、ますますすばらしい、というより、美しいと感じるようになった。……そういう、かぎりなく大乗仏教に近くしかも熱烈なイエス・ファンとしては、一度、救い主＝キリストというワクをはずし、

〈菩薩〉としてイエスの美しさを味わってみたかったのである。〉（『美しき菩薩・イエス』青土社、まえがき）

イエスが諸菩薩の一人ということになれば、イエスを唯一の救い主と信じるキリスト教の保守的な立場とは相いれないことになります。氏はそうした反論を承知の上で、あえてこの一書を著されたのです。そうすることによってますますイエスの魅力が感じられるようになったというわけです。

現在、諸宗教や諸文化の対話・共生ということが叫ばれていますが、こと宗教に関していえば、ある宗教が他の宗教にどういう立場をとるかが大きな問題となります。この点に関して、私の心の師である井上洋治神父（二〇一四年没）は大変示唆に富んだ指摘を行っています。神父は一貫してキリスト教の日本文化内開花（インカルチュレーション）をめざし、宮澤賢治・芭蕉・西行・良寛等々の日本人をめぐって『まことの自分を生きる』（筑摩書房）を出版するなど、日本人とキリスト教という生涯のテーマを追い続けてきました。『法然――イエスの面影をしのばせる人』（筑摩書房）の「あとがき」で次のように述べています。少し長くなりますが、これから山頭火を語っていくなかでも原点となることがらなので、引用してみます。

〈私は決してイエスと法然が同じことを言っているとか、宗教はどの道からでもみな同じところに到達するのだとか言っているのではない。キリスト道にしろ、仏道にしろ、その道を歩むということは生きるということであって、思索するということではない。人は二つの道を同時に考えることはできても、決して生きることはできないのである。

道を求めて生きることを登山にたとえてみるなら、従来の西欧一神教がしばしば落ち入りかけた「自分の歩んでいる道だけが目的地である山頂に到達できるのであって、他の道は山頂には到達できない誤った道である」という「独善的排他論」――これが悲惨な宗教戦争をひきおこしてきたわけであるが――が誤りであることは明らかである。そのような断言は、山を一望に見渡せるヘリコプターか何かから見てはじめて言えることであって――これは人間の生の条件を超えている——人は、自分が今登っている道は必ず山頂に到達するのだという信仰をもって登っていく以外にはないのであり、他の道が山頂に到達するかしないかはわかるはずはないのである。従っていまのべた「独善的排他論」が誤りであることは明らかであるが、しかし、同時に最近よく言われる、「全ての道はみな同じ山頂へと到達するのだ」と断言する「宗教多元論」もまた、同じ誤りをおかしているわけである。

二十一世紀に必要なことは、諸宗教、諸文化、また人間と自然などの共生・共存であるといわれるが、しかし共生・共存ということは、決して違いをなくして一様化（ユニフォーミティ）することではなく、違いを認め合ったうえで互いに相手を尊重し合う有機体的一致（ユニティ）でなければならないはずである。〉（一八三〜一八四頁、傍点原文）

井上神父は法然を例に挙げて、他宗教の人々の信仰を尊重しながら、自らは一つの「道を歩む」こと、実際に「生きる」ことが大切なのだと説いています。

この点に関して仏教に詳しい作家中野孝次氏は、「いかにも明確な認識で、わたしはこの言葉にも共感する。ともあれ、キリスト者が書いた法然論という珍しい試みでありながら、この本は宗教の本質を深く衝いて、そのところから法然を論じた最も本格的な法然論だと言ってよい。」（信濃毎日新聞、二〇〇一年三月一八日）と賛辞を述べています。

さらに神父は、

〈私は毎日南無アッバをとなえているキリスト者であって、南無阿弥陀仏をとなえている念仏行者ではない。その意味では、私には法然を正面から論じる資格はないかもしれないが、しかしただ一筋にキリスト道を生きぬいてきた者として、仏道に生命を賭けて歩んだ法然の後ろ姿に憧れ、魅せられているわけなのである。そしてその法然の後ろ姿は、まさに私にとって、師イエスの後ろ姿をしのばせるものでもあったのである。〉（前掲書、一八四～一八五頁）

とも語っています。

この井上神父の言葉からすでにお気づきかと思いますが、仏教の「南無観世音」や「南無阿弥陀仏」、あるいは「南無妙法蓮華経」に対して、神父は「南無アッバ」という造語をつくっています。「南無」とは、「～に帰依する」という意味です。神父はこの仏教用語を、新約聖書に特有の「アッバ」という言葉に結びつけて使っているのです。

〈アッバ、父よ、あなたは何でもおできになります。〉（マルコ一四・三六）

イエスは十字架にかかる前に、このように祈り始めます。旧約聖書はヘブライ語で書かれていますが、イエスが実際に話していたのはその親戚筋に当たるアラマイ語という言葉です。エレミアスという著名な聖書学者によると、イエスの神に対する祈りは、すべてこのアラマイ語の「アッバ」から始まっていたと言います。

キリスト教で最も有名な「主の祈り」と呼ばれているものも元はそうだったのでしょう。

〈【アッバ】父よ、
御名が聖とされますように。……〉（ルカ一一・二）

「アッバ」とは、アラマイ語で幼い子どもが自分の父親を呼ぶときの言葉です。今の日本でいえば、「パパ」に相当するような幼児語なのです。

イエス以前にイスラエル民族が、神をこのように呼ぶことはありませんでした。父性的な威厳に満ち、絶対者であるべき神を「アッバ」などとなれなれしく呼ぶこと自体、思いも寄らないことであったし、イエスの神に対するこうした姿勢は、冒涜と受け取られても仕方のないことだったのです。イエスがなぜ十字架に追いつめられたかという宗教的理由の一つがここにあります。

しかし、イエスの教えの根本がこの言葉に凝縮されていると言っても過言ではありません。イエスが当時のユダヤ社会のなかで命を賭けても固守した姿勢は、この「アッバ」に象徴される神との親しい父子関係――人を戒め、罰する神に対する恐れの感情ではなく、罪人をどこまでも許し、弱い者を温かく包み込む母性的な神への絶対的信頼だったのです。

南無アッバ
アッバ　アッバ
南無アッバ
イエスさまにつきそわれ
生きとし生けるものと手をつなぎ
おみ風さまにつつまれて
アッバ　アッバ
南無アッバ

（詩集『南無アッバ』聖母文庫）

山頭火が「南無観世音」と唱えて、観音菩薩に帰依したように、井上神父は

「南無アッバ」と唱えて、イエスとともに父なる神への絶対信頼を表明しているのです。

神父は「この祈りが、何か、いまの私の心情のすべてを表現しているように思われるので、昔からのカトリック信者の方には抵抗感がおありになるかもしれませんが、あえて……」とこの詩集の「あとがき」に記しています。

岡野氏がイエスを「美しき菩薩」ととらえ、また、井上神父が「法然の後ろ姿」を追い、「南無アッバ」と祈る、こうした試みは、学問的にはいくらでも批判できるでしょうし、教条的な宗教者からは、節操がないと糾弾されるかもしれません。しかし私は、お二人の試みは、従来考えられてきた仏教とキリスト教の理論的な、あるいは神学的な混合・折衷というようなものではないと思っています。学問や教義という理性的な捉え方より、もっと直観的・体験的な捉え方――日本の歴史や文化を宿命的に負っている日本人キリスト者として、正直な心情で捉えたイエス観が吐露されていると思うからです。

そうしたことによって、それぞれにイエス理解を深められたという告白は、直接的には、日本人としてキリスト教をどう受け止めるかという、インカルチュレーションの問題に大きな布石となるものであり、ひいては諸宗教の対話・共存の問題にもヒントを与えることになるのではないでしょうか。キリスト者として山頭火を読むという、私の試みも、こうした諸先輩方の勇気ある行動に促されてのことであったと言ってよいでしょう。

松風に明け暮れの鐘撞いて

松の枝と一体となって観世音菩薩に頭を垂れ、合掌する山頭火が、朝夕の鐘をつきます。風が心地よく吹くと鐘の音が穏やかに山間に響き渡ります。山頭火の心は、平安と感謝に満ちていたことでしょう。

この句のなかで、たしかに鐘をついているのは他ならぬ山頭火自身です。そしてそれは「明け暮れ」の決まった時刻のお勤めなのですが、「松風に」という表現からは、あたかも風に促されて鐘をつく、むしろつかされている山頭火の姿が彷彿としてくるのです。

朝な夕なに吹く松風に促されて、山頭火が観音堂の鐘を無心につくとき、そこにはこの世の業や計らいや不安を超えて働く何者か――それを神・仏・大自然などなど、何と名指すかは問わず――による真の自由が感得されていたのではないでしょうか。感謝に満ちて鐘をつこうとする山頭火の自力と彼に鐘をつくよう促す他力との合力によって、荘厳な鐘の音が長く尾を引いて、山に谷に響き渡るのです。

禅語に「啐啄同時《そったくどうじ》」という言葉があります。「啐」は鶏の卵が孵化《ふか》するとき内側から雛《ひな》がつつく音で、「啄」は親鳥が外から殻を啄《ついば》むことを意味します。この啐と啄が奇しくも同時にかち合ったとき、殻が割れるというのです。このことから禅宗では、本人が自ら修行しようとする自力と、師家の援助ないしは仏や菩薩の他力が合致したとき初めて悟りを得られるのだと教えるのです。

たしかに後の山頭火の行動を見れば、とてもこの時点（味取観音堂守）で悟りを得たとは言えないでしょう。しかし前半生の幾多の遍歴の末、やっと見つけたしばしの平穏な生活の中で、自他一如に近い境地を、ときに体験していたのではないでしょうか。彼の遺した一万数千にものぼる膨大な俳句作品を見渡すとき、私にはそう思えてならないのです。

〈風は思いのままに吹く。あなたはその音を聞いても、それがどこから来て、どこへ行くかを知らない。霊から生まれた者も皆そのとおりである。〉（ヨハネ三・八）

この『ヨハネによる福音書』のイエスとニコデモとの対話に出てくる「風」と訳された言葉は、ギリシャ語で〈プネウマ〉という原語です。「息吹」とも「霊」とも訳されます。風がその出所も行き先も私たちには知られず自由に吹くように、神の息吹、聖霊も自由に働き、その「霊から生まれた者」も自由であるというのです。

山頭火は「松風」に吹かれながら同時に聖霊の息吹を浴び、自他一如の境地をかいま見ていたのではないでしょうか。

ひさしぶりに掃く垣根の花が咲いてゐる

山頭火の静かな生活のなかでの発見が示されています。一読私たちは、芭蕉の次の名句を思い起こします。

よく見れば薺花《なずな》咲く垣根かな

芭蕉が深川の芭蕉庵で詠《よ》んだ即事的な句でしょう。薺の花というのはほとんど人目につかない地味なものです。しかしよく見れば、確かに小さな花を咲かせている。これを見逃さない繊細な心に〝造化〟の力に触れた驚きが感受されるのです。

井上神父はこの句について、

〈垣根に人知れず咲いているペンペン草が、はっと芭蕉の心を打ったのは、この名もない平凡な草が、まさにその平凡さを無心に生きぬいていることによって、大自然の生命の流れをそこに顕現させていたからに他ならない。〉（『風のなかの想い』一二八頁）

と語っています。芭蕉の言う「造化」とは、ここに言われている「大自然の生命」ということだと思います。

この句と同様な味わいを持った作品が、人口に膾炙《かいしゃ》されている次の句です。

山路来て何やらゆかし菫草《すみれ》

「薺」の句が静的な観照のなかでの発見とすれば、この句は旅という動的な行為のなかでの発見という違いはあるにせよ、「薺」や「菫」が無心に咲く姿への感動という点で共通しています。垣根にひっそりと咲く薺、山路にぽつんと花開いた菫、どちらも誰かに見てもらいたいとか、もっと目立つ場所に咲きたいなどと、不平を言ったりはしません。造化に従い、己れに与えられた時と場所で、まさに「平凡さを無心に生きぬいて」精いっぱいの花を咲かせている。またそのことによって「大自然の生命の流れをそこに顕現させて」いる。「平凡さ」は非凡の極みとなる。その姿に芭蕉は感動したのです。

井上神父は、次のようにもコメントしています。

〈菫は自分を表現している以上に、はるかに深く、みずからを生かしめているる大自然のいのちの風を告げていたのである。芭蕉の心を打ったものは、このあるかなきかの小さな一輪の菫が告げている大自然のいのちの風だったのであり、そのとき芭蕉自身も、己れを生かしめているこの同じ大自然のいのちの風の中に、真の自分を生きていたはずなのである。〉(『まことの自分を生きる』五五頁)

薺にしろ菫にしろ、自分の人生を無心に精いっぱい生きることによって、結局は己れ自身を表現するのではなく、もっと大いなる「大自然のいのちの風」を指し示すことになるのだというのです。そして垣根や山路に小さな花を見て取った芭蕉や山頭火も同時に、大いなる命の風にともに吹かれ、「真の自分を生きていた」にちがいありません。

イエスはかつて、花咲くガリラヤ湖畔に立って人々に次のように語りました。

〈空の鳥を見なさい。種も蒔かず、刈り入れもせず、倉に納めもしない。だが、あなたがたの天の父は鳥を養ってくださる。……野の花がどのように育つのか、よく学びなさい。働きもせず、紡ぎもしない。……今日は生えていて、明日は炉に投げ込まれる野の草でさえ、神はこのように装ってくださる。〉（マタイ六・二六、二八、三〇）

名もない「野の花」にも神の十分な愛の配慮がなされているのだから、「ま

して、あなたがたにはなおさらのことではないか」（三〇節）と、イエスは神へ
の信頼を私たちに促します。なによりイエス自身、身をもって神へのまったき
信頼に生き抜いた方でした。
パウロは獄中書簡のなかで、次のように書いています。

〈キリストは
……
自分を無にして
僕の形をとり
人間と同じ者になられました。
人間の姿で現れ
へりくだって、死に至るまで
それも十字架の死に至るまで
従順でした。〉（フィリピ二・六〜八）

そして神は、このように生きて死んだイエスを復活させ、神の国に受け入れたのです。このイエスを信じ、イエスにならい、生老病死いかなるときも神への全幅の信頼に生きること、それがキリスト者としての在り方なのだと思います。

分け入つても分け入つても青い山

味取観音堂に来てひとたびは安住の地を得た山頭火でしたが、一年足らずで山林独住に堪えかね、「大正十五年四月、解くすべもない惑ひを背負うて、行乞流転の旅に出」ます（掲句前書き）。彼の心に潜む放浪の虫がどうしようもなく騒ぎだしたのでしょう。

自由律俳句研究者の上田都史は、この句について次のように述べています。

〈旅とは定住を離れること、定住を離れつづけることである。定住していた場、土地といってもよい。その場を離れることである。それと同時に、定住の心の場をも離れることである。離れつづけることである。とどまることは「静」であるが、「濁」でもある。停滞の澱みを流れに切り換えて、出口のなくなった観念の整序をはかることである。

旅することは刻々到着することである。到着するから定着を離れつづけることが旅なのである。……〝分け入つても分け入つても青い山〟は、山頭火の精神の昂揚であった。その深さの奥の奥の巨きななにかは、山頭火にとって到着し得ない、しかし、なんとか行き着きたい願望の涅槃であった。〉(『山頭火の虚像と実像』講談社、五九～六〇頁)

上田によれば、山頭火が旅に出たのは、精神の「停滞の澱みを流れに切り換えて、出口のなくなった観念の整序をはかる」ためであり、その目指すものは、「青い山」の「深さの奥の奥の巨きななにか」、「山頭火にとって到着し得ない、しかし、なんとか行き着きたい願望の涅槃であった」のです。「涅槃《ねはん》」とは、すべての煩悩を解脱した不生不滅の悟りの境地です。「青い山」に象徴される涅槃、その境地を獲得するために彼は、「定住を離れつづける」必要があったのです。山頭火が自らの行を「歩行禅」と称していたことが思い起こされます。涅槃寂静という境地を得るためには、山頭火の場合、どうしても歩くという行動が必要だったのでしょう。

また見ることもない山が遠ざかる

すべつてころんで山がひつそり

しぐるるやしぐるる山へ歩み入る

物乞ふ家もなくなり山には雲

かすんでかさなつて山がふるさと

ほととぎすあすはあの山こえて行かう

山頭火が「山」を読み込んだ句を、少しく拾ってみました。こうした作品からは、自然に対する親しさがにじみ出ています。自然のなかを縦横に歩き、行乞する山頭火にとって、山は第一に友のような、同伴者のような存在であったように思われます。そして、どうにも寂しい自分の人生を黙って理解し包み込んでくれる存在、いつでもそこに帰って行けば温かく迎えてくれる、懐かしい

「ふるさと」、母のような存在でもあったのではないでしょうか。また、ときには超えて行くべき父的存在であったかもしれません。

〈私は山々に向かって目を上げる。
私の助けはどこから来るのか。
私の助けは主のもとから
天と地を造られた方のもとから。〉（詩編一二一・一～二）

これは旧約時代、エルサレムへ近づいてきた巡礼者が、はるか神殿のあるシオンの山に目を向け、天地の創造主に助けと加護を求めて歌った「上京の歌」（詩一二〇～一三四）の一節です。

「山々」は一般的に神々の集会所と考えられ、とくにエルサレムの山々は神の守りのたとえになることもありました。うるわしく隆起したシオンの山は、イスラエル人にとって揺らぐことのない確実な避難所であり、神はここに自ら王を立てると告げられていました（詩二・六）。アブラハムが自分の息子イサクをいけにえとしてささげようとしたモリア山もこの山と考えられています。
こうして、多くの旧約的な思い出に彩られた聖なるシオンの山は、神の民らがそこに永久に神とともに住むことを希望して「上京の歌」を歌いながら上り、そしていつも帰ってくる場所ともなっていたのです。

山頭火が日本各地の山々を巡り涅槃《ねはん》の境地を求めて放浪したように、旧約イスラエルの民はシオンの山々に向かいながら、神とともに住むことを熱望したのです。一方は仏ないし禅的な無と対峙し、他方は絶対神に向かう。しかし、山頭火が放浪の旅のなかで山々に対して抱いた心情と、時代や環境・文化がまったく異なるイスラエルの人々の心情との間には、「山」に対する親近感・信頼感という点において共通するものがあるのではないでしょうか。

しとどに濡れてこれは道しるべの石

歩き続けた山頭火がようやく峠まで来ると、雨上がりの足元に「道しるべの石」が立っています。濡れた石というのはときに冷たさより温もり、堅さより柔らかさを感じさせるものではないでしょうか。

わが家の小さな庭にも、いくつかの石を置いているのですが、居間からこれらを毎日眺め観察していると、石にもさまざまな表情があることがわかります。厳冬に佇むときと、炎天に照りつけられたときとでは、あきらかに違う表情を見せてくれて、飽きることがありません。不動の石にもさまざまな表情があるのです。

しとどに濡れた「石」が、歩き疲れた山頭火をいたわるように、やさしくほほ笑みかけてくれます。その石の人間的な温もりに接して、彼の旅の疲れはどんなにか癒やされたことでしょう。

しかもその石は「道しるべ」なのです。これから山頭火の歩むべき道を、その不動の姿でしっかりと指し示しているのです。峠に立つ山頭火には安堵とともに大きな希望を抱かせたにちがいありません。

〈家を建てる者の捨てた石
これが隅の親石となった。
これは、主がなさったことで
私たちの目には不思議なこと。〉（マルコ一二・一〇～一一）

ガリラヤの寒村ナザレから救い主が出現するとは、だれも予想しなかったことでした。そしてイエスは、試練と挫折を味わい、ユダヤ人が「捨てた石」でありながら、のちに「隅の親石」、つまりキリストを救い主と仰ぐ者たちの建物の土台とも頂の要石ともなるのです。

岩場が豊富に見られるパレスチナ地方では石は、ヘブライ人の生活や思考と深く結びついて、さまざまな象徴的意味を持つようになりました。神との契約の不動性や永続性の象徴としての記念石に触れた旧約聖書の記述などはその一例です（創世記三一章、ヨシュア二四章など）。

原始教会の人たちにとって、キリストは人が信仰をもって頼みとしうる不動の石と考えられました（ローマ九章、一コリント三章、一ペトロ二章など）。現代のキリスト者にとっても、イエスは人生の道々に置かれて、やさしく語りかけ、行くべき方向を示してくれる「道しるべの石」のように思われます。

炎天をいただいて乞ひ歩く

すでに、山頭火にとって「歩く」ことが、彼の求道と密接に結びついていたことを見てきました。

真夏の炎天下をとぼとぼ行乞する山頭火。この句のポイントは「いただいて」にあります。山頭火の日用の糧は、托鉢しかありません。彼は、「ぼくのように、商売もよくせず、仕事もよくせず、家族も満足に養えなかった者は、こうして人さまからもらったものと拾ったものとで、生かされているんだからなあ……」と、俳句の友人にもらしていたと言います。

「人からもらったもの、拾ったもので生かされているのだ」という告白の真実性は、常識的には不快極まりない炎天をも（押し）「いただく」という、この何気ない言葉に証明されているように思うのです。山頭火の宗教者としての謙虚さ、生死の覚悟、その歩みの孤独、そして静けさを感じずにはいられません。

イエスの宣教生活は、山頭火のような行乞によって支えられていたわけではありません。また、山頭火は一人で歩きつづけましたが、イエスは弟子たちを伴っていました。しかし、山頭火が炎天下を経を唱えながら行乞する姿と、福音書に描かれたイエスの足取りには、なにか共通するものがあるように思うのです。

〈父は、悪人にも善人にも太陽を昇らせ、正しい者にも正しくない者にも雨を降らせてくださる……だから、あなたがたは、天の父が完全であられるように、完全な者となりなさい。〉（マタイ五・四五、四八）

ここに言う「完全であれ」というのは、日本人がすぐ連想する儒教道徳的な

品行方正を意味しません。『ルカによる福音書』の並行箇所では、

〈あなたがたの父が慈しみ深いように、あなたがたも慈しみ深い者となりなさい。〉（六・三六）

となっています。つまり、すべてを受け入れ、包み込む者となりなさい、といった意味なのだと思います。どんな人にも（とくに「悪人にも善人にも……」と、「悪人」が先になっていることに注目）、日を照らし、雨を降らせてくださるアッバなる神。人の道は、そういう神のもとで毎日を素直に、ありがたく押しいただくことから始まるのだ。イエスはそう諭しているのではないでしょうか。

ひとり十字架へと続く道を行くイエスは、多くの弟子や群衆と共にいながらも、人間としての孤独と哀《かな》しみを味わったことでしょう。その歩みは山頭火に似て、蕭々《しょうしょう》かつ飄々《ひょうひょう》としたものを感じさせます。一見対照的な二人の生きざまですが、神仏・生死に向かう姿勢において、共通する感性が見られるのです。

鴉《からす》啼いてわたしも一人

「放哉居士の作に和して」と前書きがあります。尾崎放哉は結核により小豆島で死にました。直接的にはこのことで山頭火の放浪の虫が呼び覚まされたのかもしれません。

この句はもちろん放哉の代表作品、

咳をしても一人

を念頭に作った句でしょう。

「鴉」といえば、日本では死や孤独を連想させる不吉な鳥です。その意味で掲句は、「鴉啼いて」と「わたしも一人」が直結した関係になっています。

しかしこれを、キリスト者として読んだらどうでしょう。

〈烏（鴉）のことを考えてみなさい。種も蒔かず、刈り入れもせず、納屋も倉も持たない。だが、神は烏を養ってくださる。〉（ルカ一二・二四）

イエス時代のユダヤ教社会でも「烏」は律法規定によって忌み嫌われていた鳥だったと言います。しかしそんな烏さえ神はちゃんと養ってくださる。だからあなたがたも、「何を食べようか、何を飲もうかとあくせくするな。また、思い悩むな」。安心せよ。「ただ、神の国を求めなさい」とイエスは忠告したのです（一二・二九、三一）。

このようにイエスが「考えてみなさい」と言ったときに想定されている「烏」は、けっして孤独な存在ではありません。なぜなら烏は神に心をかけてもらい、「養ってくださる」神と共に生きているからです。けっして忌み嫌われ、見捨てられて「一人」になってしまった鳥ではないのです。

野の花や空の鳥に対するアッバなる神のこうした配慮を知ったうえで、もう

一度、

鴉啼いてわたしも一人

を読み直すとき、ストレートに寂しさを表現しているとだけ解釈していたこの句が、なにやら別の輝きをもってくるのです。

掲句のモチベーションとなった放哉の死。彼は、たしかに「一人」はるか遠くの小豆島で死んでいきました。「鴉」も啼きながら一羽で飛んで行きます。そして「わたし」山頭火も「一人」です。しかしその「一人」と「一人」、そして「一羽」をも神は心にかけていてくださるという真実――。

私たちは、こうした信仰的真実のなかで黙想することにより、この句を、生きとし生けるものの孤独や寂しさを越えて、いな、孤独のままに、寂しいままに、全存在を包み込む神の温かい御手、やさしいまなざしを感じさせる作品として鑑賞することができるのです。

まっすぐな道でさみしい

〈歩かない日はさみしい。飲まない日はさみしい。(俳句を)作らない日はさみしい。〉

と日記に書いた山頭火は、今日も行乞姿で歩き続けます。

山頭火が生きた道はけっして平坦ではありませんでした。山あり谷ありの凸凹人生です。迷いもあれば、お酒や色の欲も捨てきれない道でした。他人を悪く言わず、逆に自己嫌悪が強かった山頭火は、こうした自分の不甲斐なさにたびたび打ちのめされました。そのあげくが、熊本での自殺未遂でした。

出家してからも、放浪と酒の虫がおさまらず、庵を飛び出します。酒も放浪もついに止められなかったのは、世間的には意志の弱さ、甘えと片づけられるかもしれません。妻や子、あるいは俳句の仲間、善意の人たちにさんざん迷惑をかけ通した山頭火。

しかしそうした一連の不祥事、優柔不断、紆余曲折にあっても、私は山頭火の一生は、「まっすぐな道」、一筋の道を見つめていたのではないか、と思うのです。それは、神仏を求める道、まことの生き方を求める道、救いを求める道でした。

カトリック信者は、「道」といえば「十字架の道行き」を思い出すでしょう。福音書ではイエスの受難と死の描写に最も多くの紙面が割かれています。福音書とは本来、イエスの受難史に前置きとして生前史をつけ加えたものだ、とまで言う聖書学者もいるくらいです。新約聖書全体が「イエスはキリストである」という信仰告白に貫かれていますが、その中心はイエスがどのように苦しみ、どのように死んだか、その道行きにあるとも言えるのです。

山頭火は自らの救いを求めて放浪しましたが、イエスは人類の救いのために十字架の「道」を「まっすぐ」に進んでいきます。その道の果てに、人間として味わう極限の屈辱と苦しみに満ちた死を遂げたのです。

しかしそのイエスを神は見捨てることはしませんでした。

〈神はこのイエスを死の苦しみから解放して、復活させられました。イエスが死に支配されたままでおられるなどということは、ありえなかったからです。〉（使徒言行録二・二四）

孤独と屈辱と苦しみに満ちた十字架へ向かった「まっすぐな道」は、暗黒の死を通り抜け、復活へと続く道だったのです。そして、この前代未聞の道をたどったイエスが、今度は、すべての人を救いへと導く「道」そのものとなったのです。

〈私は道であり、真理であり、命である。〉（ヨハネ一四・六）

もちろん山頭火がめざす「まっすぐな道」にもイエスは同伴者として寄り添い、道そのものとなってくれることでしょう。そこに思い至れば山頭火の歩む道は、けっして孤独で「さみしい」ばかりの道とも言えないのです。

へうへうとして水を味ふ

行乞途上でものした名句です。酒好きの山頭火は水も大好きで、山が産むかけいの水を何杯も飲んだことでしょう。深酒は山頭火の精神を闇に誘いますが、酔い覚ましの一杯の冷水は、理屈抜きに彼を心から生き返らせたのではないでしょうか。

聖書の世界においても、水は命の源であり、命を支える力であり、また人間浄化の手段とも考えられていました。

洗礼者ヨハネは、ぞくぞくとヨルダン川に集まる人々に水で洗礼を授けましたが、それは「罪の赦しを得させるため」の「悔い改め（回心）」のしるしでした(マルコ一・四)。罪を清めて人々の心を神に向けさせる水です。こうしてイエスの出現に人びとの心を準備させたのです。

『ヨハネによる福音書』には、イエスの最初の奇跡が水を良質のぶどう酒に変えたことだったと記されています(二・一〜一二)。この水は本来ユダヤ人が清めのために用いたものですが、この箇所を、キリスト来臨の喜びのしるしとして新しいぶどう酒に変えたのだ、というふうにキリスト者は読みます。ここに旧約から新約へと、福音への新たな転換が行われたものと理解するのです。

また、福音書中「水」が最も印象的に語られるのは、同じ『ヨハネによる福音書』にある〝イエスとサマリアの女〟の話でしょう(四・一〜四二)。

イエスは「女」に言います。

〈私が与える水はその人の内で泉となり、永遠の命に至る水が湧き出る。〉(四・一四)

イエスを通して与えられた「水」が、「永遠の命」をもたらすと言うのです。

さらに、過越祭の前、死を覚悟したイエスはたらいに水をくんで弟子たちの足を洗いながらペトロに、

〈もし私があなたを洗わないなら、あなたは私と何の関わりもなくなる。〉（一三・八）

と言います。これは、イエス自身による最後の清めを象徴しています。

そしてクライマックス、十字架の死において、兵士の一人が槍でイエスのわき腹を刺したとき、

〈すぐ血と水とが流れ出た。〉（一九・三四）

と記されています。ここでは、永遠の命へ至る水が、イエス自身から湧き出ることを語っているように思えます。

このように『ヨハネによる福音書』は、〝水の福音書〟と呼ぶにふさわしいほど、重大な場面にしばしば「水」が関わっているのです。

無心に返り「へうへうとして」イエスから湧き出る「水を味ふ」。そのとき、私たちは自分に死に天国へと導かれるのです。そう考えると、日本の〝死に水〟という習慣はとても大きな意味を帯びてくるように思います。

生死の中の雪ふりしきる

昭和三年九月、山頭火は小豆島の西光寺に墓参します。放哉のいた寺です。山頭火の熟読した『修証義』の一節に、「生を明らめ死を明らむるは仏家一大事の因縁なり。生死の中に仏あれば生死なし」との一節があります。「生死」を超えた境地を求めて山頭火は旅を続けました。ときには「雪ふりしきる」なかで、放哉の召された浄土に思いをはせたことでしょう。

〈私は復活であり、命である。私を信じる者は、死んでも生きる。生きていて私を信じる者は誰も、決して死ぬことはない。このことを信じるか。〉（ヨハネ一一・二五〜二六）

先の『修証義』の一節、「生死の中に仏あれば生死なし」ということと、このイエスの言葉、〝イエスを信じる者は、生死を超える〟ということは、互いに通じ合うものがあるように思います。

ハイデッカーという哲学者は、〝人間にとって確実なことは、死以外にない〟と言いました。私たちは、どんなにいいことをしても、悪いことをしても、けっきょく死んでいくしかない——。この厳然たる事実を前に、一度も戦慄を覚えたことがない人がいるでしょうか？

あらゆる宗教や哲学の生まれてくる理由がここにあります。人間のすべての営みは、この死への不安からの逃避を目的とする、と言っても過言ではありません。


十字架の死は、およそ人類が経験する極限の苦しみと恥辱に満ちたものでした。それだからこそイエスは、すべての人の罪と苦しみと、人生のあらゆる哀しみを受けとめ、背負うものとなったのだ、と初期のキリスト者は理解したのです。イエスは人々の罪と苦しみと死を背負って黄泉《よみ》にくだり、復活して神の懐に招かれ、永遠の命に生きています。私たちの生死は、こうしたイエスの生死にいわば抱きとられていると言ってよいでしょう。

「ふりしきる」真っ白な雪に洗い清められ、生死の境を超えて仏に抱かれていく山頭火のように、私たちもイエスの十字架と復活によってエゴイズムや汚れから解放され、あらゆる苦しみを癒やされ、天の国、神の国へと導かれるのです。このとき、すべての労苦は報われます。

使徒パウロもこの希望に満ちたメッセージ――福音を私たちに力強く伝えています。

〈私の愛するきょうだいたち、こういうわけですから、しっかり立って、動かされることなく、いつも主の業に励みなさい。あなたがたは自分たちの労苦が、主にあって無駄でないことを知っているからです。〉（一コリント一五・五八）

II

南無アッバミサ前小話

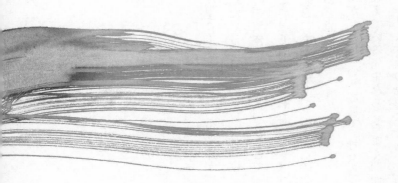

井上神父の三位一体論

二〇〇七年六月二日

典礼暦では、今週は聖霊降臨の主日で始まりました。これで復活節が終わり、年間の暦に戻っています。そして、あした六月三日は、三位一体の主日。さらに、その次の六月一〇日は、キリストのご聖体の祭日。ということで、ちょうど教会の重要な教えを、次々に思い起こさせられる季節になっています。

そこで本日は、あしたの三位一体の主日にちなみまして、少しこの教義について、皆さんとご一緒に分かち合いたいと思います。

私は、神父でも神学者でもありませんが、高校という職場で、社会科（地歴・公民科）の、「倫理」や「世界史」を教えている先生たちからよく聞かれることがあります。それは、「教科書には、キリスト教の説明として三位一体が必ず出てくるけれども、教えていても、どうもよく分からないのだが」という質問です。最近はインターネットやメールなどでも、問い合わせてくる方がいます。「……井上神学では、これを、どう説明するのか」と。

そういうときはたいてい、安直に答えず、「まず、神父さまの本を、読んでみてください」と言いますが（笑）、たいていはそれ以降、二度と問い合わせが来ません（笑）。おそらくそうした方は、手っとり早い解答が欲しいのでしょう、忙しい社会ですから――。

さて、それはそれとして、三位一体というとき、ちょっと調べてみますと、教科書的には、三位一体とは神の三つのペルソナとか――神父さまの『キリスト教がよくわかる本』（ＰＨＰ）でも、Ｈ２Ｏの三様態である水蒸気・水・氷のたとえなどが載っているのですが、井上神父さまは、直接にはあまり語っておられないのですね。

ところが、いろいろなところで、実はこの用語を使わないで、三位一体を実質的に表現されています。

例えば、これから始まる南無アッバのミサ。おてもとに、ミサの式次第がある方は、ご覧ください。

このなかで私たちは、まず、「アッバ、アッバ、南無アッバ」と「南無アッバの祈り」を唱えます。こうして「おとうちゃーん」と呼びかけてから、「イエスさまにつきそわれ」と言いますね。

――私たちにいつも付き添っていてくださる神としてのイエスさまが表明されます。遠藤周作さんの同伴者イエスに通じます。

そして、「おみ風さまにつつまれて」

――つつむ神としての聖霊、プネウマ。私たちをいつも、そのふところに抱きかかえてくださる神、抱擁の神です。

――神父さまは、「神の国」を、「アッバの神のまなざしの包容」と、訳していますよ(『わが師イエスの生涯』選集4、七六頁)。

この「まなざし」は、もちろんイエスさまのまなざしを思わせる。これだけでストレートに、ああ、ありがたいなあと思います。だから、福音=喜びの知らせ、なのですね。

そして気づくのです、こんな短い祈りに、そのまま三位一体が自然に組み込まれているのだということに。

三位一体とは何か？　と考えてからではない、ああ、ありがたい、っていうのが先なのです。初代教会の人たちは、「三位一体」などという言葉や概念は知らなかったでしょう。しかし、しっかりしたキリスト信仰のなかで、実感として、アッバとイエスさまとおみ風さまの、いま申し上げたような「ああ、ありがたい」という感覚は、強く持っていたと思うのです。

それから、ミサの最後にご一緒に唱える「風の家の祈り」——「アッバ！」と、まず第一位格の父なる神に呼びかけます。次に、「人々の心を映し取り、受け入れ、友として生きられたイエス」と、第二格が出てきます。そして、私たちの人生がイエスさまと同じように、アッバの「悲愛の息吹＝聖霊の働きの場」になるようにと祈ります。

ここでも、アッバとイエスとプネウマが、自然——「空を行く雲、小川のせせらぎ、一輪の野の花」を背景として溶け合っています。その「場」の中に、私たちが生かされていくように――そういう祈りです。伊藤幸史神父さまが、以前こちらでお話しされたときに、井上アッバ神学の特徴として、「自然と共に」ということを指摘されていましたね。

さらに最後に三番目として、皆さまご存じかと思いますが、「ガラス窓」のたとえというのがあります。

『わが師イエスの生涯』(『井上洋治著作選集4』)のエピローグにも、出てきます。イエスさまは、アッバという太陽の光をお通しくださる、一〇〇パーセント透明なガラス窓のような方だった、というのです。

これは、私はすばらしいたとえだと思っています。どうすばらしいかというと、まず、とっても身近だということ。冬の寒い日に、部屋の中でぬくぬく日向《ひなた》ぼっこしていると、このたとえが思い出されて、ありがたいなあ、と思います。外の厳しい寒さから守られて、アッバの暖かさをそのままいただける。私の家などは、小さくて日当たりも悪いものですから、なおさらそういうときはありがたいんです。まあ、それで小さな家でよかったとは思わないところが、業の深いところなのですが(笑)。

また、透明なイエスさまに比べて、わが身の曇り方が反省される。そういうこともあります。

そして、このたとえのもっともすばらしいのは、最後に、ガラス窓は壊れなくてはならない、というところまで行くということです。壊れなければ、本当の大自然の風は入ってこない、おみ風さま、プネウマ、聖霊は来ないというわけです。イエスさまの十字架の死の意味まで含んでいるのですね。その上で三つの位格が、私たちが実感を持てるところから説き起こされ、指し示され、密接に関連づけられて語られています。

こうして、私たちが日々体験・実感できるところからキリスト信仰が説かれている、というのが井上アッバ神学の強みなのではないかと思います。

神父さまからの学びを続けていると、改めて「三位一体とは何か?」とか、「十字架の意味は?」ということが頭からではなく、心と体と言いますか、まず体感として、それこそ「自然」に、気がついたら「ああ、そうだなあ」と思わせられる瞬間がしばしばあります。理屈が先ではなく、私たちの日常体験できるところから掘り起こされ、指し示されて、信仰が説かれるのです。

最近ようやく、子育てが終盤になってきたので、ときどき妻と温泉などに行くのです。先日も川治温泉に行って、雨の中の露天風呂に入って来ました。頭に手ぬぐいをのっけて、青葉若葉に囲まれながら、鼻歌じゃありませんが思わず「南無アッバー♪」と唱えていました（笑）。しかし、教会の教義と言われるものも本来は、すべてそこ――イエスさまが始められ、お弟子たちに伝わった「アッバはありがたいなあ」「南無アッバだなあ」という心――から生まれたものなのだと思うのです。

今日のごミサを通して、アッバと、イエスさまと、おみ風さまの包容――包み取られているという福音のすばらしさを、あらためて皆さまと分かち合えれば、と思います。

ありがとうございました。

アッバ、アッバ、南無アッバ。

死者の月に思う

二〇〇七年十一月三日

十一月は、ご存じのとおり、カトリックでは「死者の月」になっていますね。仏教で言えば、お盆に当たるのではないかと思います。

いきなり私事で恐縮なのですが、私の実家は、大きな神棚や仏壇を置いていた家でして、小さい頃は、お盆やお彼岸になりますと、父母に連れられて、お墓参りに、よく行かされました。

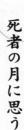

うちのお墓は、埼玉県の川口市――私は生まれも育ちも川口なんですが――の如意輪観音堂のある、小さな共同墓地の一画にあります。

子どもの頃は、もっと遊んでいたいのに、お墓参りに行く日――たとえばお盆に、祖先の霊を「迎え」「送り」する日の夕方になりますと、ちょうちんを持たされて、祖母や父母と、また親戚の叔母なども一緒に出かけたわけです。

そのときちょうちんの火が、風に消えそうになって、心細い――なにか、子ども心に人生のはかなさのようなものを、感じた記憶があります。実際、ほんとうに風でちょうちんの灯が消えてしまうこともあるんですね。そういう時は、隣を歩いている父母や祖母から火をもらうことになります。すると、ちょうちんがふわぁと、いっぺんに明るくなりまして、ほっとしたものです。

こんなことを思い出しているとき、井上神父さまの詩集のなかで目に留まったのが、『南無アッバ』のなかの「お墓まいり」という詩でした。

ちょっと読ませていただきます。

お墓まいり

そぼふる小雨のなか

父母の遺骨は
　しずかに
墓の下に眠っていた

焼夷弾　火災
疎開　老い
ほんとに　ご苦労さまでした

かさをさしながら
　不器用な手つきで
　　かたわらの姉と
　　　そろって野菊をささげる
　　　　この吸いこまれるような
　　　　　晩秋のひととき

アッバ　アッバ
アッバ……

一九九七年十一月十四日　府中墓地にて
（聖母文庫、四一～四二頁）

最後の方の「姉」というのは、今日もいらしていますけれど、当然、シスター井上ですよね（笑）。先ほど、ごミサの前に、シスターに「今日はこの詩を使わせていただくんです」と申し上げましたら、「私も一番好きな詩なんです」と言ってくださり、「ああ、よかったなあ」と思った次第です。

『風』今号（七六号）には、山根さんが三田文学で発表された「井上洋治と遠藤周作――魂への故郷の旅」というすばらしい文章が載っていますが、お二人のお父さまやお母さまのことが、書かれていますね。

また、私も連載の一部（『心の琴線に触れるイエス』聖母文庫）で取り上げさせていただきましたが、井上神父さまの自伝『余白の旅』他には、神父さまが小さい頃、お母さまと手をつないで夕焼けを、飽かず眺めていた思い出が、書かれています。

お父さまのことも、当時の井上青年が長じてカルメル会に入るため、フランスに渡るときのお別れのシーンが、多くはありませんが、それだけに非常に印象的に神父さまは書かれています。これもお読みします。

〈大学二年の終り頃、機会をみはからって、テレジアの属していたカルメル会の男子修道院に入会したい旨を私は父に申しでた。キリスト者でなかった父は、もちろんこの私の決心には大反対であった。私が修道院に入るということによって父の受けた衝撃は、ちょうど弟が胸を患ってサナトリウムに入っていたこともあって、私が想像したよりも大きなものであったことを、フランスに行ってから受け取った母の手紙によって私は知った。

横浜港を出帆するとき、父は一人、見送りの人々から離れて埠頭の先端まで歩いてきて、いつまでも手を振ってくれた。これがこの世で私が見た父の最後の姿であった。

私がフランスに渡って二年目に父は脳卒中で死んだ。私が父の死亡通知を受け取ったのは、家を新築しようと思っているといったような元気な手紙を父から受け取ってから三日後のことであった。

今でも夜中に目を覚ましたときなど、ふとこの父の姿を思いだすことがある。父をあれほどまでに悲しませてしまったことはまことに申し訳ないと思いながらも、しかし今考えてみても、当時の私もまた、これしかないというぎりぎりのところを生きていたように思うのである。〉（『井上洋治著作選集2』、三六頁）

目に浮かぶような印象的な光景です。さきほどの詩のなかに、「不器用な手つきで」という表現がありましたね。そこを私は、井上神父さまが、ご尊父のお墓の前に立ったとき、もしかしたら、あのお別れのシーンを思い出されたのかもしれない、そんなふうに勝手に想像したのです。

すなわち、親の気持ちを分かっていながら、それでも何かに引っ張られるように、「これしかないという、ぎりぎりのところで」自分の進路を決めていく井上青年……そのときの葛藤と言いますか、ご尊父への申し訳なさと言いますか……そういう気持ちを思い出されたのではないか、と思ったのです。

現在、私は勤務校で、進路指導を担当しているのですが、三者面談などをしていますと、親子の意見が対立してなかなか調整がつかない、そういうときの親離れしていく子どもの気持ち、子離れしていく親御さんの気持ちは、時代が変わっても同じなんだなあ、と思うのです。

私自身も息子として、まだまだ親の気持ちが分かっていない、老いた両親に親不孝をしているなあ、と反省させられます。

先日久しぶりに、一人で先ほど申し上げた実家の墓へ、私もお墓参りに行って来ました。私の父母は幸いまだ健在ですが、祖母はとっくに亡くなっております。でも墓前に向かったとき、あの昔のお墓参りの記憶がよみがえってきて、〝ああ、ご先祖さまと何か深く暖かく、みんな、今でも、つながっているんだなあ〟とそのときふと、感じたのです。

さらに、若い頃は関心もなかったのですが、この観音堂はどうやら、近隣の隠れキリシタンがその昔、集会をもっていたのではないか、とも言われているのです。知らずにお墓参りをしていたお御堂《みどう》に、自分と同じキリスト教を生きた信仰の大先輩たちも集まっていた、ということを思うと、何か、血のつながったご先祖だけでなく、多くの死者――死んだ人たちが見守ってくれているんだなあ、とありがたくなります。

こういう実感と言いますか、感覚が西欧の人たちにも、どのくらい共通なものなのか分かりませんが、いま自分のこの血の流れる身体や思いや信仰を形作ったものは何か、と考えますと、けっして自分ひとりの努力ではない。そもそも努力の種そのものが与えられたものではないか、と思うのです。それは、今このように共に生きている人々や父母はもちろん、ご先祖や、信仰をともにし、あるいはともにしなくてもつながっていた人々、さらに、意識しないところでも私の人生に影響を与えてくれている――遠藤先生流に言えば「横切った」人や自然、そういうもの、そういう方たちのおかげ――祈りのおかげではないのか、と思います。

逆に言えば、私自身も、だれかれになんらか、影響を与えているということ。お互い与え合っている。良い影響もあるかもしれませんが、これはちょっとまずいなあ、罪深いなあ、という影響も、不完全な人間ですから、お互いあるかもしれない。

けれども、その大もとのところでは、アッバが、しっかり見守っていてくださる——私たちキリスト者は、そう信じています。

先ほどお読みした詩の、最後の所、「吸い込まれるような晩秋のひととき」と受け身になっていますが、だれに吸い込まれるのだ、と問うなら、それは、アッバである。どこに吸い込まれるのか、と問うなら、それはけっして、底無しの暗闇というものではなくて、光に、ということ。

ちょうど、やはり今号の「風」に、井上神父さまが「漂流——南無アッバまで」と題して、「——南無アッバの祈りの岸辺に流れつくまでに、アッバが私のために用意しておいてくださっていた、数多くの感謝の思いを捧げたい方々——」と、書き始められています。

人生、いろいろな人に出会いますが、そういう人を「用意してくださる」のはアッバなんだ、アッバが主役なんだ、とおっしゃっているのです。主語は、あくまでアッバです。そのなかで私たちは、自分に与えられた役を精いっぱい演じればいいんだ、そういう安心、信頼を新たにしまして、この「死者の月」を共に過ごしていきたいと思います。

どうもありがとうございました。

アッバ、アッバ、南無アッバ。

復活信仰の根拠

二〇〇八年四月十二日

今週は復活節真っただ中でもありますので、復活ということについて最近思うところを少しお話しさせていただこうと思います。

先日、親しくしている同僚の英語教師が私の研究室から何冊かキリスト教の本を借りていきました。たまたま扱っていた教材をきっかけにして、キリスト教に興味をもった、というのです。

ところが、ほどなくしてそれらの書物を返しに来ました。「あれ、もう読んでしまったの？」といぶかしがる私に彼は答えました。「いやあ、最初は快調に読み進んでいたんだ。だけど、〝復活〟という話が出てきたら、どうにもついていけなくなってしまってね……」と苦笑しながら言うのです。

復活信仰の難しさは、一般の人にとってまず何より、私たちの日常の経験や実感からほど遠い、という点にあるのだと思います。

たとえば、最近は見かけなくなりましたが、よく駅頭で近づいて来ていきなり、「あなたは神を信じますか?」と聞いてくる人がいましたよね。こういう質問には確かに面食らうのですが、たとえ具体的な宗教を持っている信者でなくても、それぞれが描く神のイメージでなんとか、「はい」なり「いいえ」なりを答えられるのではないでしょうか。

ところが、ふつうの日本人に「あなたは、復活を信じますか?」と聞いたらどうでしょう。もっと面食らってしまう。その戸惑いを想《おも》うと先の、私の同僚の反応というのは自然なものだと承知せざるをえないように思うのです。

この問題は、私たちキリスト者にとってはまず、イエスさまの復活ということが原点になることは言うまでもありません。

第一に言えることは、歴史的にイエスさまの復活には、私たちは同時代人として立ち会ってはいない、つまり、私たちの直接体験の外にあるということです。だからこそ井上神父さまは、福音書の「行間」を求道者として、追体験的に読むということが重要なのだ、と強調されるわけです。

ではさらに突っ込んで、その追体験のもとになるイエスさまのお弟子たちの直接体験が、「間違いないことだ」とする根拠はどこにあるのでしょうか。するとそれは自分の個人的な実感や神秘体験でもないし、もちろん学問的探求の結果でもなく、「イエスさまの復活に出会ったんだ！」というお弟子たちの証言が直接の根拠になっている、ということになります。

ですから直接的には、「キリスト教とはイエスさまのお弟子たちの証言を信じる＝信頼する宗教」ということになるのだと、私は思います。そしてその第一の証言集が『新約聖書』です。

こんなことをあれこれ考えていたとき出会ったのが、いや、正確には再会したのが、井上神父さまの次の言葉でした。

〈私は、弟子たちが復活したキリストに出会ったのは彼らの幻覚であるなどといっているのでは毛頭ありません。たしかに彼らは復活のキリストを体験したのです。その絶対の確信があったからこそ、あの臆病でイエスの十字架を一緒に荷なうこともせず逃げ回っていた弟子たちが、イエスの教えに殉じて死ぬという勇気ある弟子たちに変わったのです。迫害者サウロがキリスト者パウロに変ったのです。ただ復活のキリストが、本来対象化・概念化できない原事実であるため、その体験の絶対性をあらわす場合には種々の表現をとらざるをえないのだといっているわけです。〉（『井上洋治著作選集1』「日本とイエスの顔」、一二五頁、傍点原文、傍線平田）

イエスさまの復活の内容――史実性とか真実性といった議論は、連載（『すべてはアッバの御手に』聖母文庫）の方でゆっくりやりたいと思いますので、今日は復活体験そのものを問題にしたいと思います。

右の文章で神父さまが傍点を振られた箇所、あるいは私が傍線を引いたところ――弟子たちが「復活のキリストを体験した」その「絶対の確信」とか、「体験の絶対性」という言葉に出会った時、私は心がズキンとするような衝撃を受け、何やら新鮮な響きを感じたのでした。しかしそれが、なぜだか分からないまま、私はしばらく、この一文を反芻《はんすう》していました。そうして、たぶんこういうことじゃないか、とだんだん分かってきた（ような気がする）のです。

そもそも、「体験の絶対性」――絶対体験という言葉が、私には、大変奇異に聞こえたのでした。なぜかというと、「絶対」というのは、神さまにしかあり得ないこと、時空を超えた普遍的・無条件的な意味を持つ言葉なわけです。それに対して、本来「体験」というのは、どこまでいっても相対的でしかない人間の、個別・具体的・条件制約的な言葉です。

そういう神の領域の言葉と、人間の領域の言葉――矛盾する二つの言葉が、くっついている。俳句の方では、「二物衝撃」といって、異質なものを取り合わせて面白みを出す、という手法がありますが、私が感じたのは、それに似た新鮮さだったのではないか。

考えてみれば、パウロやイエスの弟子たちといえども相対的な人間でしかない。もしかしたら一回か、せいぜい数回しか体験できなかったような、たまたまあった人間の経験は、ますます信用できないと思うのが普通ですね。それを絶対化してしまう危険、というものを信者でない人たちからは指摘されるかもしれない。

しかし、キリスト者になるということは、そうした、一般的に言われる危険をおかしてまで、「復活体験の絶対性」――弟子たちが復活したイエスに出会ったという体験は「絶対体験」だったのだ、ということを信じる、そこに賭けているということになるわけです。

さあ、いったいいつからそんなに思い切ってしまったのか（笑）……と、さらに考えますと、これはキリスト者それぞれに実存的な理由があるでしょう。

私自身のことを振り返れば、まず第一に井上神父さまとの出会いは最も大きいものです。それは、私の信仰のいわば木の幹のようなものなのです。神父さまに出会って、そのお人柄に触れ、「復活は、よく分からないけれど、こういう方が信じているのなら、まちがいない……」正直、受洗前後、そんな気持ちが働いたのだと思います。

『歎異抄』は、親鸞さんの凝縮した言葉に満ちていますが、そのなかに全国から教えを聞きたくて、集まった人たちに言った次のような言葉があります。

〈親鸞におきては、ただ念仏して弥陀にたすけられまゐらすべしと、よきひ

とのおほせをかぶりて、信ずるほかに別の子細なきなり。〉（第二条）

すなわち、よき人（法然上人）のお言葉をいただいて、信ずる。信頼できる人の仰せに賭ける、運命を託す。ほかに道はないという、そういう思い切り、決断！

私たちの復活信仰も、子細は分からないけれども、「よきひとのおほせをかぶりて」信ずる、ということが直接的な根拠になっているのではないでしょうか。その「よきひと」は、第一に先ほど述べたように、私にとっては井上神父さまですが、その出会いを太い幹として、豊かな枝葉となっているのは、多くの人々や自然との触れ合いなんだと思います。

つまり、多くの「よきひと」との出会い、その「おかげ」で復活を「信ずる」ということが、不思議にもありがたくも起こってくるわけです。

さらにいえば、「おかげさま」というのは「お互いさま」ですから、小さく弱い私たちですが、ひょっとすると他者に対する「よきひと」の一端を担っているかもしれない。口はばったい言い方ですが、だれかの信仰に役立っているかもしれないということです。

こうして、親鸞さんが法然や善導そしてお釈迦さま、阿弥陀さまへと遡っていったように、私たちも、「よきひと」との出会いを通してお弟子たちの証言を信じ、イエスさまを信じ、最終的にはアッバに行きつくのだと思います。

これはなかなか理屈で説明したり、説得したりするのは難しいことですが、少しでも日常のなかで、その平安・喜びが伝えられますようお祈りしながら、今日のごミサにあずかりたいと思います。

ありがとうございました。

アッバ、アッバ、南無アッバ。

信仰と行い――妙好人に学ぶ

二〇〇八年一〇月十一日

『ガラテヤの信徒への手紙』三章からお読みします。

〈信仰が現れる前には、わたしたちは律法の下で監視され、この信仰が啓示されるようになるまで閉じ込められていました。こうして律法は、わたしたちをキリストのもとへ導く養育係となったのです。わたしたちが信仰によって義とされるためです。しかし、信仰が現れたので、もはや、わたしたちはこのような養育係の下にはいません。〉（三・二三〜二五、新共同訳）

要約すると、律法の下にあった人たちが、信仰（協会共同訳では「真実」）の時代になったのだから、その監視、養育係を離れるということだと思います。
そういうことを念頭に置きまして、今度は『ルカによる福音書』の方を読んでみます。

〈(そのとき、)イエスがこれらのことを話しておられると、群衆の中から一人の女が声を張り上げて言った。「なんと幸いなことでしょう、あなたを宿した胎、あなたが吸った乳房は。」しかし、イエスは言われた。「むしろ、幸いなのは神の言葉を聞き、それを守る人である。」〉(一一・二七〜二八)

『ガラテヤの信徒への手紙』では先ほども見たように、律法の行いがなくなって信仰が現れたと言っているわけですね。にもかかわらず福音書では、イエスさまの最後のお言葉、「幸いなのは、神の言葉を聞き、それを守る人」とあります。これをちょっとうがって見ますと、神の言葉を聞くだけではいけない、それを守らなければいけない、というふうに読めるわけです。
それでこの「守る」というのはどういうことなのかなあ、何か新たにしなければいけないのかなあ、と少し引っかかりましたので、ギリシャ語聖書（ネストレ二七版）で原語を調べてみました。そうしますと、この「守る」と訳されている原語は、ヒュラッソンテスという言葉です。ヒュラッソーというのが原形です。これを辞典で調べますと「守る」のほかに、「監視する」という意味もあることが分かります。そうすると、原語自体は『ガラテヤの信徒への手紙』の「監視」とは違うのですが意味合いとしては、なにか新たに律法以外のものに監視されて、自分たちの行動を見ていかなければいけないのか、というふうにもとれるわけです。

そうすると律法の替わりに、別の何かをしなければいけないという焦り――私自身もそうでしたが、洗礼を受ける前後くらいのとき、洗礼を受けたら、たとえば教会に毎週行かなければいけないとか、なるべく嘘《うそ》をついてはいけないとか、心の中でいろいろ道徳的なことが膨らんできた時期がありました。今でも私のところにときどき、「洗礼を受けたいのだけれども、何か新たな義務を課せられる気がして、躊躇《ちゅうちょ》しているんです」といった相談があります。

先ほど、山根さんの方から、私の連載のお話もご紹介いただきましたが、あのエッセイ「井上神父の言葉に出会う」のなかで——ああ、もう七年もたったかなあ、と思いましたが——一番反響があったのは、第一部の「道徳主義をこえて」という題目で書かせていただいたときでした（『心の琴線に触れるイエス』聖母文庫、一一〇頁以下）。そのときは電話やお手紙で、「自分もそういうふうに思っていた」というようなご感想を何人かの方からいただきました。

そういう「信仰と倫理」、「信仰と行い」ということを考えたときに、ふっと思い浮かんだのが、浄土真宗——井上神父さまは法然の本を書かれていますが、その最晩年のお弟子、親鸞さんが鎌倉時代に立てた宗派——です。そのなかに、「妙好人」という方々がいらっしゃいました。その多くは、江戸時代から明治にかけて、在家の浄土真宗の篤信者——南無阿弥陀仏の信心に決定《けつじょう》した方たちです。そしてその人たちは武士とか、公家とかではなくて、市井の無学な職人や農民だったわけです。そういう人たちが信心決定したということ。

そしてもう一つの特徴は、そういう方からは、善き行いと言いますか、愛の行為と言いますか、そういうものが自然に流露したということなのです。たとえば、税金が払えない人がいますと、黙ってこっそりその人の代わりに払ってやったりとか、柿泥棒が入ってきて柿を取っていると、普通なら「こら！」といって追い返すところですが、梯子《はしご》を持っていって、「おい、けがをしないように、ゆっくり取りなさい」なんてことを言ったとか——こうした実話が残っているんですね。ちょっとそこまでいくと、変わり者という感じがするかもしれませんが、そういう人たちなのです。

こうした妙好人が一般に知られるようになったのは、鈴木大拙さんという大仏教学者の力が大きいのですが、その鈴木先生が書いた『妙好人』（法蔵館）という本があります。古い本なので私もずいぶん前に読んでいたのですが、今回「信仰と行い」ということを考えるにあたって、全集でその本を読み返してみました。

もちろんこのことについて、ズバリ、これだというふうに答えが出ていたわけではないのですが、このへんがヒントになるのかなと思ったところがありましたので、ちょっと飛ばし飛ばしなのですが、紹介させていただきます。

〈……それからキリスト教中には、「親子」と云ふよりも「父子」が目につく。東洋では、親と云ふと、父も母も含めて、慈愛の塊りである。佛教はこの慈愛を大慈大悲の人間性化したものと見て居る。殊に他力宗では親の字義に尋常一様ならぬ重さをおくのである、即ち親は絶対他力愛そのものだと云ふことになった。……

キリスト教の父子の観念は大分他力宗のと違ふ。キリスト教の父と、後者の親との間には可なり隔たりがある。これはキリスト教が歴史的にユダヤ的神の思想に影響せられるところが多いからであらうか。神なる父は畏敬の対象で、他力の親ほどに絶対愛の持主にはなれないやうだ。……

○うれしや、浄土恋しや、なむあみだぶつ、
浄土の乳わ、なむあみだぶつ、
さいち（浅原才市）や此の乳のんでをる、
わたしやをやさまこゑしい、
なむあみだぶつ、なむあみだぶつ。

このやうな見方がキリスト教に許されるかどうか、自分にはわからぬが、他力宗のおやはこどもを罰することをしないのが、その最も特異性だと云ってよ

い。……おやは絶対慈悲で、衆生の罪業を責めることは決してしないのだ。……佛教の罪業観は、倫理性のものでなくて、人間の宗教性から出発する。キリスト教のは、多分に倫理性を帯びて居る、……それで、愛の神の一面には忿怒の他の面がある。これに触れると、人間はひたすらに消え入るばかりである。キリスト教の倫理性は、その強いところで、またその短処だと云われぬこともなかろうか。〉（『鈴木大拙全集』、第十巻、二七七～二七九頁から抜粋）

これを初めてお読みになる方も多いかと思いますが、今こちらにお出《い》でになっている方々、それは私も含めて「井上ファン」と言ったらいいでしょうか、そういう人たちからは「いや、ちょっと待ってくれ。それはユダヤ教とキリスト教をごちゃごちゃにしているよ！」と、いうふうな声が聞こえてきそうです。「待った」をかけたい、そういう気持ちだと思います。しかしまだまだ日本では、求道者を含めて一般的には、ユダヤ教とキリスト教をかなりオーバーラップして見ている人が多い、そういう現状はやはり否めないのではないか、という気がします。

ですから、さきほどの「信仰と行い」ということで振り返りますと、ここでいう「父子」の関係——これをしなかったら罰するぞ！　というのがある限りは、なかなか自然な行いというのは出てこない。これが、鈴木先生が言っているように、父と母を含めた「親子」の関係にいくまで、なかなか安心感が持てないということです。だとすれば、おそらく妙好人という人たちは、そういう安心感のもとに、ああいう善き行いを自然に流露させたのではないか、ということを私は考えてみたわけです。

そうしますと、私たちが今、そしてこれからキリスト教のなかでやっていくことは何か、といえばやはりアッバ——当然でしょうが、鈴木先生のこのご本には「アッバ」は出てこないです。ですからエレミアスから来てアッバを再発見した井上神学で——ここの部分を相当に強調していかなければいけない。日本のこれからのキリスト教では、もっともっとアッバ——私は「アッバ神学」と呼ばせていただいていますが——慈父の神、先ほどの親子関係にまで達するような、抱きかかえてくれて、けっして離さないのだという安心感が持てる「アッバなる神」というところを、もっともっと強調していかなければ、という思いを強くしたのです。

そんなことを思いながら、井上神父さまの新しいご本『イエスの福音にたたずむ』（日本基督教団出版局、二〇〇八年）を読んでおりまして、一番最後のところで、具体的に私たちが今できることは何なのだろうか、と考えるヒントになるような箇所がありましたので、ご紹介したいと思います。

〈「南無アッバ」のお祈りは、自分をアッバにお委ねするだけではなく、心に浮かんできた多くの苦しみや淋しさの中にいる人たちをも、アッバにお任せすることなのです。人の気持ちを大切にするということは、自分のことだけを考えることではなく、人の気持ちを大切にしようとする心の中に「おみ風さま」が訪れて、いつも付き添っていてくださるイエスさまに気づかせてくださるということだと思います。〉（二二二頁）

「南無アッバ」を唱えながら、自分のことだけではなく、思い浮かんだ他者の苦しみや、悲しんでいる人を思い描いて、その人たちを自分と一緒にアッバにお任せしていく。それを繰り返し繰り返し行っていく。そういうことから始めるということです。

もしあえて、「信仰」のほかに具体的に何か「行い」というものが必要だとするならば、第一にそれは私たちにとっては「南無アッバ」のお祈りをしていく、実際に唱えていく、心の中で繰り返す、そういうことではないかと思ったわけです。

浄土真宗が一二〇〇年代に出てきて、先ほどのような妙好人が出現するまで——江戸時代ですから——数百年かかっているんですね。私たちの「南無アッバ」のお祈りも、何世代か続けていくときに、もしかしたら南無アッバの妙好人、日本的キリスト教の妙好人と言われるような人たちが出てくるんじゃないか。そのときに私たちの続けてきたことが、捨て石ではなくて「踏み石」だったのだと、確証を得られるのじゃないかと思います。

そういうことで毎日口に出して、あるいは心の中で——やっぱりまだなかなか身についていないと、私などもすぐ「南無アッバ」と出てこないときがありますけれど——できるだけ度々、「南無アッバ」のお祈りを繰り返していきたいと思っています。

アッバ、アッバ、南無アッバ。

【追記：このことに関連して、『「南無アッバ」への道』（聖母文庫、二〇一六年）二三四頁以下で「信即行」として考察しています。】

父のまなざし、イエスのまなざし

二〇〇九年四月十八日

皆さま、主のご復活おめでとうございます。早いもので復活祭から一週間たち、明日は復活節第二主日「神のいつくしみの主日」となっています。

さっそくですが、復活祭というおめでたいときに、ちょっと死の話をさせていただきます。日本ではおめでたい席でこういう話は不謹慎だと、私は小さい頃から教えられてきたのですが、キリスト教ではかえって、死と復活というのは表裏一体の関係にあると思いますので、そういう意味で言うと、けっして奇異な感じもしないと思います。

実は先月、私の父が亡くなったのです。八十九歳を目の前にしての死でした。二、三日前までは元気で、いつもどおりの日課の散歩――退職以来ずっと続けて、雨が降っても風が強くても一日一時間は歩く――をしていましたが、ちょっと体調が悪いということで、お医者さんに行って診てもらいました。そうしたら、「まあ、大したことはないだろうけれど、ご高齢ですから大事をとって二、三日入院しましょう」ということになりました。

それで私も連絡を受けまして、翌日見舞いに行ったわけです。けっこう元気そうで、普通に日常的な会話をしまして、帰りぎわに私がこう言ったのです。「これからお墓参りに行ってくるから」と。でこれは、別に父がもうすぐ亡くなることを前提に言ったわけではないのです（笑）。

私は、ごミサも好きですが、ミサがない時も一人で教会に朝早く行って、だれもいないお聖堂《みどう》でボーッと座っている――一時間くらいすぐ過ぎてしまう――趣味みたいな癖があるんです。それと同じような感覚が、おそらく私にとってはお墓参りにあるんですね。そういうことを父も知っていましたので、「じゃあ、たのむよ」と気楽に、笑って答えていました。それが、今考えると最期の言葉になったのです。

それから葬儀ということで、母も高齢ですから、私が代わって喪主のご挨拶をすることになりました。それで何を話そうかと考えました。大正生まれの父ですから戦中派で、シベリアに七年以上抑留されていた話なども、小さい頃から聞いていましたので、父がいろいろと苦労した話をしようかな、とも考えました。

まあしかし、それよりも私が話すのなら、直接父から自分がどんなことを聞いたとか、直接の印象を語った方がいいのじゃないかと思いまして、あれこれ考えをめぐらしました。

ところが、なかなかそれが思いつかないのです。父に言われた言葉が出てこないのです。いくら考えても出てこない。逆に母から言われたことばかりが思い出されるんです。ああ、小さい頃、母からこういうことを言われたなあ、学生の時は母から話を聞いたなあ、といった具合です。

実はそれは今に始まったわけではなくて、私の子どもがだんだん言葉が分かるようになった頃、子育ての最中に子どもを叱ったりするとき、自分で言った言葉をどこかで聞いたことがあると思ったりする。しばらくしてこれは母に自分が言われた言葉を、そのままオウム返しに自分の子どもに言っていることに気づいて、愕然《がくぜん》としたことがあります。

ところが父に言われたことが、どうしても出てこない。それでどうしようかな、困ったなあと、お通夜が予定されていた日の朝――私もよく散歩するのですが――私の家の近くには元荒川が流れていまして、そこの橋に行って、その橋のたもとで、どうしようかと、しばらく考えていました。

それでふっと気がついたのは、あ、ここに自分が今、橋のたもとまで来て考えている、そういえば父もよく歩いていたなあ――最初にお話ししたとおり、どんな天候でも欠かさず一日一回散歩していました――もしかしたらこうやっていろんなことを考えながら、歩いていたのかなあ、と思い当たったのですね。でその時に、私が父に似てきたというか、無意識のうちに父の癖や考え方が植えつけられてきていたのだという感覚を覚えました。こうして無意識に父からものすごい影響を受けていたんだなあ、と思いましたら、ぐーっと体の中からなんとなく温かくなってきたんです。それまで味わったことのない感覚でした。

そうしましたら、どんどん父の面影と言いますか、まなざしと言いますか、後ろ姿と言いますか、背中というか、そういうものが次々と浮かんできました。あ、そうだ！　小学校の時に初めて父に映画に連れて行ってもらって、加山雄三の若大将シリーズを見たんだとか、高校卒業するときも、そうだ、チャップリンの映画を見に二人で行ったとか、旅行に行ったことは少ないが、二回ぐらいは確かに行ったなあ……そんなことがどんどん浮かんできたのでした。

しかし、相変わらず言われた「言葉」は浮かんでこないのです。父がそういう場面で何か言ってる姿は浮かんでこない。しかしまなざしとか面影だけがどんどん自分の中に広がって来るという感覚を味わいました。それをそのまま葬儀のときに、親戚や友人の方々にお話ししたわけです。

翻って今日の福音ですが、このあと井上神父さまがミサで朗読されるでしょうが、『ヨハネによる福音書』の二十章の箇所ですね。有名な「トマスとイエス」の箇所が読まれます。すでに皆さまはご存じだとは思いますが、ほかのお弟子たちがイエスさまの復活に出会ったときに、トマスはいなかったのですね。

それでなんとなく自分だけが置いてきぼりにされる、自分もイエスさまを裏切ったのだけれど、ほかのお弟子は赦されているのに、自分だけは赦されないのかなあ、といった劣等感とかわだかまり、後ろめたさ、コンプレックス……複雑な心境――井上神父さまも、トマスは暗い気持ちが煮詰まっていたというようなことを、ご本にも書かれています。だからちょっとすねちゃった感じもあるんじゃないかと思うのです。

それでトマスが言うわけです。ここで先に福音書を読んでしまうと、神父さまがやることがなくなってしまうので何なんですが（笑）、部分部分でお読みすると、「あの方の手に釘の跡を見、この指を釘跡に入れてみなければ、また、この手をその脇腹に入れなければ、私は決して信じない」（二〇・二五）というわけです。そうしますとしばらくたってイエスさまが出てきて、有名な言葉を言われるわけです。

「あなたの指をここに当てて、私の手を見なさい。あなたの手を伸ばして、私の脇腹に入れなさい。信じない者ではなく、信じる者になりなさい。」（二〇・二七）

トマスの要求に、すぐ答えようとされたのでした。

この箇所を私も連載で書かせていただきましたが（『すべてはアッバの御手に』一一八頁以下）、一般的かどうかは分かりませんが、ここの解釈は要するに復活体が目に見えるかどうかとか、触れるとか、そういう問答の一環としてこのペリコーペが書かれているという見方があります。

ところが井上神父さまは、それとはまったく違う解釈をされています。一節ちょっとお読みします。

〈トマス、あなたは私を信じないが、私はあなたが信じるようになるために、もう一度脇腹の痛みをあなたのために耐えましょう。〉（『イエスの福音にたたずむ』二〇九頁）

「想像を絶したイエスさまの赦しのまなざし」として、ここは書かれているのです。要するにここは、外的な史実よりも内的真実を中心に神父さまは、捉えているということです。

これもまた、私は学者じゃありませんし、神父でもないので、ちょっと危ない発言をするかもしれませんけれど、ほんとうにトマスにこのヨハネ福音書と同じ言葉が、イエスさまが語られたような形になっていたのかなあ……と、まあ否定はできませんが、福音書にはそう書かれている。しかし私はもし、これと同じ言葉がトマスに聞こえてこなかったとしても、やはりこのまなざしの強さと言いますか、「おまえは赦されているんだよ、何言ってるんだ、私がおまえに現れなくたって、おまえは赦されてるじゃないか。私は赦してんだよ、一緒にいるじゃないか！」そういう強いまなざしを、トマスは感じたんだと思うのです。それが表層意識に現れてきたとき、こういう言葉として書き表され、伝えられてきたと思うんです。ですから同じ言葉じゃなくても、それはよかったんじゃないかと、私は勝手に思ってるわけです。

最終的にはそのまなざしの思いは、イエスさまが「十字架にもう一度かかってもいいよ」と言っていることに込められています。十字架は歴史上、ただ一回というのはキリスト教の基本だと思いますが、「おまえだけのために、もう一回十字架にかかってもいいのだよ」と言ってくれるわけです。それほど、まなざしの強さ、赦しのまなざしの強さというものを、トマスが感じたのではないか、そういう話として伝えられているのではないでしょうか。

そしてこのペリコーペの最後の箇所は、「見ないで信じる人は、幸いである」（二〇・二九）と一般化して、私たちに向かっても言っています。イエスさまが、そのように目に見えたり感じたりできなくても、もう赦されているんだよ、みんな同じなんだよ、そういうふうに言ってるペリコーペとして考えられるのではないかと思うのです。

ここで、私の父のまなざしとイエスさまのまなざしを比べるなどというとんでもないことはできませんが、やっぱり私も父の死というものから父のまなざしを知り、そしてイエスさまのまなざしを類推できた、そういう意味では父の死は私にとっても非常に大きなものだったのだと思います。

これも井上神父さまがいろいろな記事に書かれていますが、人が死んで残すものというのは、ものすごく大きい。それはイエスさまだけじゃなくて、どんな無名な人でも亡くなってから残すものは大きい、と度々神父さまは語っています。

私の父は一般的な日本人でしたから、仏教徒であり、かつ、親戚には神主《かんぬし》の方もいましたから、最後までキリスト教徒になるということはありませんでしたが、神父さまに二回ほどお会いしてから、にわか井上ファンと言いますか、ちょっと本をかじったり、テレビやラジオで神父さまがお出になるときは、欠かさず録音・録画して、繰り返し見たり聞いたりしておりました。

だからというわけではありませんが、私の父も今ごろは、イエスさまと一緒に、アッバの温かな懐に抱かれているのじゃないかな、と私は信じております。

アッバ、アッバ、南無アッバ。

人も変わる、教会も変わる

二〇〇九年十二月十二日

私の母は、私がカトリックの洗礼を受けたいと言ったときには、強く反対しました。どうしてあんなに反対されたのかな、と今振り返ってみますと、私が母の知らない宗教団体に関わっていく、そうするとなんというか、あらぬ方向へ息子が行ってしまうのではないか、たぶんそういう心配をしていたんだと思います。

ところが実際、井上神父さまにお会いしたり、神父さまのテレビを見たり、ラジオを聴いたり、あるいは、私も『俳句でキリスト教』（サンパウロ）という本にもちょっと書きましたが、フランス人の神父さまで日本の文化に非常に理解がある方がいて、そういうことを父母が見ていて、だんだん変わっていったのです。

うちは親戚に神主がいるような家系なので、けっきょく父母はキリスト教信者にはなりませんでしたが、姉が後に井上神父から洗礼を受けて信者になったこともあって、今では実家を家庭集会に開放したり――。まあ、人間というのは、いくつになっても変わるものなんだなあ、と感心しています。

そういうことで、先日母が入院したときにも、私は「南無アッバ」のお守り札を持っていったのです。そうしたら、もう喜んで、枕の下に置いて、何度も確かめていました。ありがたい、ありがたい、の一点張りで（笑）。

頭じゃないのですね。「南無アッバ、南無アッバ」と毎日唱え、文字に書いてみる――私も手紙に、メールに、サインに、と機会あるごとに書いたり、唱えたりしています。

【追記：最近は「アッバ讃句カード」を配布しています。二〇二〇年十月】

そうすると、ほんとうになじんでくる。ナムもアッバも、これは音声的な組み合わせもあるのでしょうか、何か懐かしい故郷の言葉みたいな気がしてくるのです。井上神父さまも、日本人のそういう郷愁みたいなお心がずっと積もっていって、一九九九年初夏、突然のように「南無アッバ」と出てきたのではないでしょうか。

お札は、私もあちこち配ったり、それこそ今回、母の入院の時にも、痛感しましたが、お祈りも何もできない状態になったとき——これは他人事じゃない、あるいはうちの母のように、いわゆる信者ではない、そういう人にも、「携帯電話のようにそばにおいてください。私が代わりにお祈りしますから」と言えば、信者、未信者に関係なく、まず文句なく喜んでもらえる。先日は受験に行く生徒に持たせてあげました。正直に言うと、神父さまがお札配りをなさるようになったときは、「え！　そこまでやるんですか？」と反射的に思ったのですが、そういうお祈りの即物性というか身体性というかが、日本人にはとくに大切な要素なんだなあ、と思うようになりました。ですから、私自身も変えられたんです。アッバによって変えられるのですね。

そして、ここに今日おいでくださっている方たち、以前は予想しなかったような方々——広谷先生や小宮山先生や多くのプロテスタント、求道者の方々の参加、これもこのミサ、いや日本のキリスト教が変わりつつある、変えられつつある証拠です。

さらに、最近うれしかったのは、カトリック新聞です。この十二月十三日号とその次の号に、「井上洋治神父の模索〜日本人の心の琴線に触れるキリスト教を求めて」という題で、よくまとめて書かれています。私もたいへんうれしいですが、これも時代が変わった、変えられたのだと思うのです。

マリアさまは、イエスさまをご体内に宿された時、分からないままに、きっと不安でいっぱいだったでしょうが、そのままに「fiat　mihi　お言葉どおり、この身になりますように」（ルカ一・三八）とおっしゃった。これはマリアさまの「南無アッバ」です。そしてアッバのお言葉が実現していきます。待降節中のミサの叙唱には「（主が）栄光を帯びてふたたび来られるとき、いま私たちが信頼してひたすら待ち望んでいることは、すべてかなえられます」とあります。

私たちも、だめかもしれない、たぶんだめだろうと落胆するときこそ、「にもかかわらず」「南無アッバ」「南無アッバ」と祈ると、必ず神さまは良い方向に変えてくださるのだと信頼してお任せする、そういう心を新たにしたいと思います。

アッバ、アッバ、南無アッバ。

信仰と文学

二〇一〇年四月十日

皆さま、こんにちは。

もう桜が東京の方では散り始めていますが、私が住んでいる埼玉県の蓮田という所では、ちょうど満開を迎えています。ちょっとお花見に行きたい気分になりますよね。

さっそくですが、この度カトリック新聞の三月二十八日号に、私が「風の家」運動に関わってからずっと続けてきた「求道俳句」について紹介する記事が掲載されました。それで今日は、この機会に少し「求道俳句」についてお話しさせていただきます。

今申し上げたように、私が俳句と関わったのは井上神父さまとの出会いがあったからです。それより前、たとえば学生時代から興味があったというわけではありません。先年出した『俳句でキリスト教』（サンパウロ）という本にも書きましたが、私の場合、キリスト教への求道と句作はほぼ同時スタートです。いやむしろ、求道のために俳句を作る、という意味で「求道俳句」なので、一般の俳壇や歌壇の人たちから見ると、いわば抹香臭く見えるわけです。日本ではややもすると、明確な一つの信仰を持っている、というだけである種の警戒感を持たれるってことがありますね。教義宣伝や勧誘されるんじゃないか、といったような――。ですから、もう四半世紀、二十五年「求道俳句」をやってますが、正直、賛同者、一緒にやりましょう、という人は少ないのです（笑）。

こうした中で私は、「宗教と文学」ということを考えざるを得ないのでした。そのとき大きなヒントになったのが、井上神父さまの『まことの自分を生きる』（『井上洋治著作選集7』）です。ここには信仰と文学の関係が明確に説かれていますが、私の考えとしましては、人間の自我というものを強調するようになってきた近代、それよりも以前というのは、信仰と文学というのは、表裏一体、分けて考えられるものではないのだと、そういう歴史だったのではないかと解釈しています。

しかし、今日は難しい話をせず、この機会に、ぜひ皆さまにも求道俳句をお勧めしたいと思います。

西行さんのお弟子で、蓮阿さんという方がいます。西行さんは六十代で伊勢の方に移られましたが、そのときにお弟子になった人で、もともとは神官、神主さんだった方です。面白いのは、ある意味では西行さんとは逆になりますが、この人は七十歳になってから仏教に帰依するのです。つまり、神道から仏教の方に行くわけです。そして最終的には、念仏一筋に生きられました。

この方が、西行さんとお話ししたときの語録のようなものを残していて、西行さんが和歌を一生懸命詠《よ》んだということを書きながら、次のようなことを言っているのです。

〝和歌を好んだ心によって、童心を好めば、まことに発心進みやすし〟と。

つまり、和歌を一生懸命好んで作ろうとする心が、仏教の修行にそのままなっていくのだ、ということだと思います。このことを私は最近知りまして、これはもう、求道俳句、求道詩歌そのものだなあ、とうれしくなりました。このように古来、日本人の求道と歌道・俳句道というのは密接に結びついているのですね。

前置きが長くなりましたが、およそ日本人なら、俳句や短歌や短い詩の一つ、二つは、学生時代でも作った、あるいは作らされたご経験があるのではないでしょうか。まずそれを思いだして、日々の信仰生活――ミサにあずかったり、聖書を読んだり、自然や人に触れ合って感じたことを、短い言葉で言い表してみる。独り言の日記のようでもいいのです。その場合、人さまが見るとか、どこかに発表するとか、そういうことを考えないほうがいいと思います。好きなように、好きな形で作る。

以前にもここで浄土真宗の妙好人の話を少ししましたが、浅原才一などの歌や八木重吉の詩などは、求道俳句の良い見本だと思います。そして今なら、もし求道俳句を作ってみたい、と言う人がいた時、私がお手本として勧めるのは、井上神父さまの「アッバ讃句」です。神父さまはこのようなことは意識していないでしょうし、私がこんなことを言うのはまことに口はばったいのですが、神父さまの句は私が提唱している求道俳句を、はからずも最もよく具現しているように思うのです。たとえば、

朝　目覚め　命なりけり南無アッバ

皿洗い茶碗こわして南無アッバ

心傷つけてしまいなすすべもなく南無アッバ

これらは、短くて、やさしい言葉だけを使っています。だからだれでも一読で理解できる。それからリズム。ここでもう「南無アッバ」について説明する必要はないと思いますが、この言葉で下句五音をしっかり結んでいるので、上句に自在な言葉（音数）をもってきても、安定しています。

このことは心情的にはどういうことかというと、私たちの身の上に何があっても、最終的にアッバにお任せするのだ、という祈りになっているのですね。

そして何より、ご自身の言葉で詠んでいる、ということ。それはすなわち日本人の血、素質からおのずと流れ出るところからアッバなり、イエスなりを詠《うた》うということです。このように、まさに私どもが行っている求道俳句運動の目指すところ——俳句は祈り——を体現しているお歌なのです。

さて、昨年十二月のミサで、神父さまはこれからの日本のキリスト教への提言として、「下からのキリスト論」「神をアッバととらえる、テレジアの幼子の道」、そして「汎在神論《パンエイティズム》」ということをあげておられましたが、これに関して「風」八二号、二〇〇九年夏秋号に次のような、神父さまの言葉があります。

〈キリスト教は、決して、汎神論ではないけれども、しかし本質とはたらきを断絶する超越一神論ではなく、汎在神論《パンエイティズム》と呼ばれるべきものなのだ、という東方神学に目覚めることが絶対に大切なことなのだと思われます。そこではじめて、歌道や俳句道が、キリスト信仰のなかで抹殺されることなく、その息を吹き返すことができるのだと思います。〉

ここには、汎在神論としてキリスト教を捉えることと、日本人の求道方法としての歌道や俳句道との相性が明確に述べられています。四半世紀にわたり、細々とですが私自身俳句や短歌と関わってきて、いまこの神父さまのお言葉の意味が、少しですが分かってきたような気がします。と同時にまた、このような捉え方を今の日本のキリスト教の中で実現していくことの難しさも感じつつありますが、先ほどの神父さまの三つの提言――下からの神学・母性原理の強調・汎在神論――を実現するための一助ともなれば、自分としてはうれしいことだなあ、と思っています。

アッバ、アッバ、南無アッバ。

Ⅲ 俳句で祈る

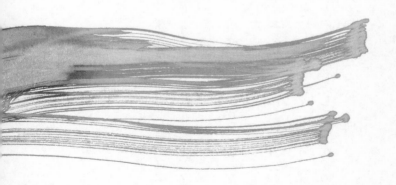

求道俳句という生き方

近年再度映画化された『沈黙』の作者・遠藤周作を同志として、日本人の心の琴線に触れるイエスの姿を追い求めた井上洋治神父は、遠藤文学集大成の『深い河』の主人公「大津」のモデルでもありました。

その井上神父はカトリック司祭ですが、芭蕉、西行、良寛を「心の友」と呼び、その生きざまと作品に魅《ひ》かれていました。

キリスト教の教えとして最も大切なものは愛（アガペー）であるとよく言われますが、神父は仏教の大悲・慈悲の「悲」に「共に泣く」という意味があることに注目し、アガペーを「悲愛」と訳したのでした。そしてこの悲愛の心と、古来日本人が大切にしてきた「物の哀れを知る心」とは根を同じくし、それは俳句道、歌道につながると言うのです。

神父は宗教と芸術について、次のようにも言います。

〈おのずからが、みずからになったとき、そこに歌がうまれ、俳句がうまれ、絵がうまれる。そして、おのずからが、あちらからになったとき、そこに祈りがうまれ、宗教の世界がうまれるのだ、と。〉（『井上洋治著作選集8』、二二二頁）

神父は晩年、「アッバ讃句」という、俳句に倣った独自の作品をたくさん作りました。「アッバ」とはアラム語で乳離れした幼児が父親を呼ぶ時の、今で言えば「パパ」に当たる言葉です。しかし成人したイエスは神を親しみをこめて「アッバ」と呼んだのでした。

私は、二十代半ばに遠藤文学を通して井上神父に出会い、以来四十年、神父（二〇一四年、帰天）に学びながら、俳句とキリスト教を両輪として求道生活を続けてきました。私にとって「俳句は祈り」なのです。求道俳句誌「余白の風」をそんな思いで続けています。

全裸のイエス

平田　栄一

風になる天使もあらん秋めきて
ガラシャ忌や代理母女児を産みにけり
白抜きの聖句が塀に冬日向
秋光や陰り始めて聖書閉づ
清明の頃との説や主の晩餐
宵闇に出口は見えずとも信ず

一糸まとわぬ主の十字架や致命祭

死は生の完成という師の晩夏

転生はあるやもしれず冬の虹

沈黙や神の記憶に百合一輪

（「俳句界」二〇二〇年九月号「俳句と宗教」改）

詩心と求道ということは古来、日本文化の伝統の中では切っても切れない、表裏一体の関係にあったことは明らかです。井上神父も西行、芭蕉、良寛などを取り上げ、このことにしばしば言及してきました。

神父自身も、

朝　目覚め　命なりけり南無アッバ

自己嫌悪そっとさしだし南無アッバ

（『南無の心に生きる』あとがき）

などのアッバ讃句をはじめ、多くの詩を発表してきました。

そして今、「風の家」運動が、井上神父から私たち在世間キリスト者にバトンタッチされ、イエスさま、またアッバを慕うすべての人が「南無」の心を育む具体的な活動が求められています。それはまた、私が提唱してきた求道俳句運動の目指すところでもあります。

アッバに対する私たちの態度と同様、アッバ讃句も上手下手を気にするのではなく、南無の心を第一として素直に表現していきましょう。

最近、読者から度々耳にするのが、「私も少し勉強させていただきます」という声です。自分としては、楽しみながらの求道＝「道楽」として始めた俳句・

短歌だったので、「うーん、勉強ですか?」と、正直ちょっと驚いたのでした。（しかし、「求道俳句」という、私のネーミングにどこか堅いイメージが付きまとうのかも……。）

それで、まったく初心の方を対象に、「求道俳句の作り方」のようなものをご紹介したいと思います、「私も俳句で遊んでみます!」という声が多くなることを期待して。

ここでは、初心の方のために、私なりに簡単な作り方のヒントを述べてみたいと思います。

求道俳句とは

ひと言で言うなら、「道を求める心から詠む俳句」と言えます。普通の俳句とどう違うのか、とよく聞かれますが、最初は違いを意識せず、自由に詠めばいいのです。あえて言うなら、普通の俳句より、少し聖書の言葉を取り入れたり、神や信仰を意識した俳句を作ってみましょう、という運動です。

どのように作るのか

あなたがすでに、俳句・短歌などを作っておられるなら、今までよりちょっと生き方や信仰、求道ということを意識しながら作ってみましょう。

もしあなたが初心の方なら、次のような作り方を例として挙げておきます。私が実践している方法です。

①神に向かう――聖書の一段落か一節をゆっくり読んで黙想し、印象に残った言葉を書き出してみる。典礼暦に沿った箇所がいいかもしれません。

例えば、これを書いている今日は「受難の火曜日」なので、「ヨハネによる福音書」一三章二一〜三三節、三六〜三八節などから「裏切り」「ユダ」「ペトロ」……

②自分に向かう――ときにわれにかえって身辺を見渡し、気づいたことを書きとめてみる。

「今朝の空は澄み渡っている」……

③右の二つを工夫してつなげてみる。
【ユダとペトロの裏切り今朝の空すみわたる】――このままで、自由律作品としてもよいでしょう。

【ユダペトロ裏切りの空すみわたる】――五七五に整えて定型俳句になりました。
④もうひと工夫（推敲）
ここで聖書に戻ると、場面は「夜」です。そこで、
【ユダ仰ぐ裏切りの月澄み渡る】――「空」を「月」に替えて、また一句。
さらに、
【裏切りし弟子をみつめるまなざしは朧《おぼろ》の月をこえて清けし】――こんな短歌にもなりました。

継続は祈り

だれでも最初からうまくはできません。自分のスタイルを限定せず、いろい

ろ試してみましょう。極論を言えば、あれこれ工夫したあげく、作品が完成しなくてもいいのです。工夫していく過程そのものが「祈り」なのですから。

求道俳句集

一

成れかしと祈るマリアやクリスマス

〈天使は答えた。「……神にできないことは何一つない。」マリアは言った。「私は主の仕え女です。お言葉どおり、この身になりますように。」〉（ルカ一・三五、三七～三八）

結婚前のマリアはイエスを懐妊したことを疑います。しかし、天使ガブリエルに「神にできないことはない」と言われたとき考え直し、「お言葉どおり、この身になりますように」（fiat mihi）と頭を下げます。

私たちも、先の見えない不安が高まるときこそ、素直にアッバに委ねる心をマリアに学びたいと思います。

共にいる、居ることそれが救いなり

「イエス」とは「神は救う」という意味、「インマヌエル」は「神は私たちと共におられる」（マタイ一・二三）という意味です。

生まれたばかりのイエスさまは、ご自身ではまだ何もできません。奇跡をおこし病人を癒やし、自ら十字架に向かうことも、もちろん復活もしていません。しかし「神の子」が私たちのすぐそばに、共に生きていてくださる。その事実自体、すでに救いの始まりである——福音記者はそう言いたかったのではないでしょうか。

〈私は世の終わりまで、いつもあなたがたと共にいる。〉（二八・二〇）

肉となる言《コトバ》や如何に降誕祭

〈言は肉となって、私たちの間に宿った。私たちはその栄光を見た。それは父の独り子としての栄光であって、恵みと真理とに満ちていた。〉（ヨハネ一・

一四）

ミサで使う「聖書と典礼」に、ここに言う「肉」は、「特に、弱く滅びゆくものとしての人間を指す」とあります。

古来、神学では父なる神と神の子イエスとの関係が議論されてきましたが、その原点にはイエスさまが私たちと同じ弱さを担ってくださったのだという、単純で素朴な信仰があったのではないでしょうか。

母は子を心に納め聖家族

〈しかし、両親には、イエスの言葉の意味が分からなかった。〉（ルカ二・五〇）

十二歳の少年イエスのとっぴな言動の意味が分からなくて心配し、不安になる母マリア。

〈御覧なさい。お父さんも私も心配して捜していたのです。〉（二・四八）

曲がりなりにも三人の息子を育ててきた筆者としては、マリアの気持ちが身につまされます。

しかしマリアはすぐ思い直します。

〈母はこれらのことをみな心に留めていた。〉（二・五一）

この心配・不安からの立ち直りには、その心底に神への信頼――南無アッバ――お任せの心があります。そしてその信頼には、おみ風さま――聖霊の働きがあったのです。

〈聖霊があなたに降り、いと高き方の力があなたを覆う。〉（一・三五）

朝まだき祈りを友に冬の道

〈朝早くまだ暗いうちに、イエスは起きて、寂しい所へ出て行き、そこで祈っておられた。〉（マルコ一・三五）

イエスは、自ら病人の手を取り、癒やし、悪霊を追い出します。すると、評判を聞きつけた人々が押し寄せてきます。福音書の記述は簡潔ですが、これだけの病人を癒やすというのは、人間イエスとしてみれば、たいへんな仕事だったでしょう。

そうした、食事をする暇もないほどの忙しさ、疲れのなかでイエスは、朝早くまだ暗いうちに起きて、ひとり祈りに行かれるのです。なぜでしょうか？

私は、アッバとの対話・祈りが、多忙なイエスの心身を支えていたのではないか、と思うのです。

「日曜信者」という言葉がありますが、活動の時と祈りの時が分離してしまいがちな私たちに対して、イエスさまは活動即祈りでありつつ、祈りだけの時をも確保する――活動と祈りを不即不離とする、絶妙なバランスをお持ちになっていたのではないでしょうか。この祈りによって、アッバからエネルギーをもらっていたのだと思います。

そうした祈りの中で、「私は宣教するために出て来たのである。」(一・三八参照)――アッバのみ言葉を告げるという、確固たる使命を確認していたのだと思います。

冬晴れをゆるり歩めるイエスかな

四つの福音書を繰り返し読んでいて、最近気がついたことがあります。それはイエスの出てくるどのような場面でも、ある種の静けさ、静寂といったものが、根底に流れているということです。

これは、イエスのところに群衆が押し寄せて来て、寝る暇もないような忙しさや、エルサレム内の喧騒《けんそう》のなかでも同じです。とても不思議なことです。

このイエスの醸し出す静寂によって、福音書全体が、静謐《せいひつ》を帯びているようです。この意味においても福音書は、他のいかなる本とも違う性格を持っているように思うのです。

わが心貧しくありて冬うらら

〈心の貧しい人々は、幸いである……。〉（マタイ五・三）

この句の「心の貧しい人々」（ホイ・プトーコイ・トー・プネウマティ）は、「謙遜な人々」「敬虔な人々」と解釈すべきだという意見もあります。

しかしここは、あえて日本語訳のニュアンスで受け取ってみたいと思います。すると、「心が貧しい」――浅はかで、貪欲で、不寛容な罪深い私たちをこそ、アッバは憐《あわ》れみによって神の国に招かれるのだ、という福音の逆説が明らかにされるように思うのです。

八福は主と共にあり春の丘

〈心の貧しい人々は、幸いである……。
悲しむ人々は、幸いである……。
…………
義に飢え渇く人々は、幸いである……。〉（五・三〜六）

キリスト者は主と共に、己が十字架を負うことが規定されています（マルコ八・三四参照）。いつの時代でも、この世の労苦は尽きません。

しかし忘れてならないのは、そのもろもろの労苦をまず背負われたのが主イエスであったということ。主イエスこそ、貧しく、悲しく、義に渇き……迫害される方だった。しかしそれが同時に、幸いと祝福に変えられていく——福音の逆説。十字架に死んだイエスの「復活」は、この逆説の福音を証ししています。

地の塩も世の光も皆主に発す

〈あなたがたは地の塩である。……あなたがたは世の光である。……あなたがたの光を人々の前に輝かせなさい。〉（マタイ五・一三〜一六）

「もっとがんばれ！」いや「がんばらないで自然体に！」などと、世間に出まわる啓発書には、よく正反対のことが助言されています。「いったいどっちなんだ⁉」と言いたくもなります。

しかし、新約聖書にあるイエスさまの「山上の説教」には、同じようでいて決定的に違う点があります。それは「がんばる」「がんばらない」の視点・主役が自分ではなく、あちら様＝神アッバにあるということです。

〈人々が、あなたがたの立派な行いを見て、天におられるあなたがたの父を崇めるようになるためである。〉（五・一六）

ここで頑張るべきか、自然体でいくか、その基準は、私たちではなく、アッバがたたえられるためだというのです。いずれにしろ私たちは「我を張る」必要はありません。

どこまでも赦す福音年忘れ

〈言っておくが、あなたがたの義が律法学者やファリサイ派の人々の義にまさっていなければ、あなたがたは決して天の国に入ることができない。〉（マタイ五・二〇）

『マタイによる福音書』は山上の説教のように、ある意味でユダヤ教よりもっと厳しい教えをイエスの口にのぼらせています。しかしそれは、アッバご自身が無条件・無制限に赦す、という悲愛（アガペー）の福音が、太初の昔から根本に据えられていることを前提に語られているのです。

犬の目にうつばりはなし秋の空

〈偽善者よ、まず自分の目から梁《はり》を取り除け。そうすれば、はっきり見えるようになって、きょうだいの目からおが屑を取り除くことができる。〉（マタイ七・五）

犬や猫を飼って癒やされる、という話はよく聞きます。どうしてそんなに癒やしになるのか、人間と違って言うことを聞いてくれるとか、憎まれ口を言わないとか、いろいろあると思います。

しかし私は、なんと言っても動物の目を見ていると、嘘《うそ》がない、というかまっすぐに世の中を見ている、ごまかしのない目を感じるのです。そしてその目の奥に、さらに向こう側の世界、エゴイズムに汚れた人間にはすでに見えなくなってしまっている世界を、しっかり見ているのではないか、そんな気がしてくるのです。

御心に触れし病者や松納め

〈イエスを見てひれ伏し、「主よ、お望みならば、私を清くすることがおできになります」と願った。イエスが手を差し伸べてその人に触れ、「私は望む。清くなれ」と言われると、たちまち規定の病は去った。〉（ルカ五・一二～一三）

アッバの御心であるイエスの悲愛のまなざしとその「手」に触れたとき、たちまち病人は癒やされた、と福音書は伝えます。イエスのまなざしは「アッバ（パパ）！」と呼べる悲愛の神のまなざしそのものです。そのまなざしへの気づきと信頼こそが治癒の奇跡を生んだのです。

　信ありて罪は赦さる春の闇

〈イエスは彼らの信仰を見て、その病人に、「子よ、あなたの罪は赦された」と言われた。〉（マルコ二・五）

　ここで「赦された」と訳されているアフィエンタイは、原文では現在形「赦される」（新共同訳、岩波訳など）です。つまりこの病人の罪は、今ここで赦される、ということです。

　またこの「信仰」は病人本人のものではなく、運んできた人たちの（「彼らの」アウトーン）信仰なのです。病人に対する愛情と〝イエスさまなら必ず癒やしてくださる〟という、主に対する絶対信頼、それがイエスの、「子よ！」という憐れみを誘ったのです。

　これは恵みに満ちた、驚くべき福音です。

父無しに落ちる鳥なし花曇り

〈二羽の雀は一アサリオンで売られているではないか。だが、その一羽さえ、あなたがたの父のお許しがなければ、地に落ちることはない。〉（マタイ一〇・二九）

しかし、右の句のギリシャ語原文には、「お許し」という語はありません。直訳すると「……あなたがたの父なしには、地に落ちることはない」となります。これは「地に落ちる時は神が支えてくれる、の意」（岩波訳脚注）を含んでいます。

アッバは天国への許可不許可を出す怖い裁判官ではなく、私たちといつでも、どこでも共にいてくださる方なのです。

主と負える十字架軽し冬日向

イエスは人には皆、日々背負うべき自分の十字架がある、と言います。「十字架」と聞けば誰でも腰が引けます。

しかし、イエスが「ついて来なさい。従いなさい」と言うとき、主がすぐそばにおられ、私たちの負うべき十字架を、一緒に担ってくださっているということを忘れてはなりません。

〈すべて重荷を負って苦労している者は、私のもとに来なさい。……私の軛《くびき》は負いやすく、私の荷は軽いからである。〉（マタイ一一・二八、三〇）

　赦しこそ愛に先立つ深雪晴

あるとき、罪深い女がイエスの足もとに近づき、涙でその足を濡らし、髪の毛でぬぐいます。この愛の行いを受けたイエスを批判的に見る人に対し、イエスは言います、「多く赦された者は、多く愛する」（ルカ七・四七参照）と。アッバの無条件の赦しの福音が、私たちの心にも深く届きますように。

　青き踏む大工イエスはガリラヤに

〈この人は、大工ではないか。マリアの息子で、ヤコブ、ヨセ、ユダ、シモンの兄弟ではないか。〉（マルコ六・三）

ここで「大工」と訳されたギリシャ語「テクトーン」は、あちこちを巡回する「何でも屋」や家具職人のような仕事だったようです。そうした仕事を通してイエスは、貧しいガリラヤ地方の人々の苦しみや悲しみを肌で感じておられたに違いありません。

イエスのアッバに対する祈り、そして私たちに対する悲愛《アガペー》の原点は、ここにあります。

主の舟に乗りて静まる冬の海

福音書はイエスの奇跡のオンパレードですね。現代人はつい、その科学的な真偽に目を奪われてしまうのですが、私たちキリスト者は二千年前の人々が、こうした表現によって何を言いたかったのかを学びます。

〈イエスは、逆風のために弟子たちが漕ぎ悩んでいるのを見て、夜明け頃、湖の上を歩いて弟子たちのところへ行き、そばを通り過ぎようとされた。……イエスが舟に乗り込まれると、風は静まった。〉（マルコ六・四八、五一）

この物語は視覚的な現象――〈事実〉としては、荒れ狂う波に翻弄される弟子たちの舟にイエスが同乗した途端、海は凪《な》いだのだと言っています。

しかし信仰の〈真実〉という観点から見たらどうでしょう。いつの時代も変わらぬ、この世を旅する私たちの人生の厳しさと、しかし共にいるイエスへの信頼と安心のすすめ——当時のキリスト者の救いの喜びが告白されているように思います。

共に座す湖《うみ》のほとりや春の山

多くの病人が連れて来られ、〈イエスの足元に置いたので、イエスはこれらの人々を癒やされた。〉（マタイ一五・三〇）

この中には多くの異邦人もいたと思われます。しかしイエスが、その人たちをどう癒やしたかは書かれていません。

もしかすると、一人ひとりに触れずとも、イエスを囲んで座り、その悲愛のまなざしに触れるだけで十分だったのかもしれません。

主に従うこととは何ぞ聖母月

〈私に付いて来たい者は、自分を捨て、自分の十字架を負って、私に従いなさい。〉（マタイ一六・二四）

あれやこれやの掟を完全に守ることが、「主に従う」ということではありません。しかしここで言いたいのは、「主に従う」とは、自分のこだわり――いかんともしがたい自我中心性に気づき、にもかかわらず、私たちは無条件無制限に赦されている、という驚くべき福音に信頼することです。

二

人生の主役はアッバ年つまる

〈人の子は人々の手に渡されようとしている。そして殺されるが、三日目に復活する。〉（マタイ一七・二二〜二三）

イエスは「引き渡され、殺され（直訳「彼らは殺すだろう」）、よみがえらされる」――このイエスの姿勢は受け身です。

受け身の人生、といえば何かマイナスのイメージがつきまといますが、自らを摂理に委ねるその姿勢に対してこそ、アッバの力が十全に働いて、人類の救済という、イエスの大事な使命が全うされていくのです。

そうした意味で私たちの人生も、その隠れた主役はアッバなのです。

〈【神の】力は弱さの中で完全に現れるのだ。〉（二コリント一二・九）

ゆるせなき吾ゆるされり主の福音

〈私がお前を憐れんでやったように、お前も仲間を憐れんでやるべきではなかったか。〉（マタイ一八・三三）

自分に甘く、他人に厳しいのが私たちの現実です。にもかかわらず、そういう身勝手な私たちが、無条件・無制限に赦されているとしたら――第一の福音は、このイエスのメッセージにあります。

考えてみれば、私たちはすべて赦されているから今生きている。神が正義と絶対的な力をお持ちの方であるなら、神の赦しなくして一瞬たりとも生きることはできません。この福音の原事実に気づくこと、それが信仰の始まりであり、終わりでもあります。

帳尻は神が合わせる朝の雪

福音書に〈金持ちとラザロ〉という、イエスのたとえがあります（ルカ一六・一九〜三一）。毎日ぜいたくに遊び暮らしていた金持ちは、死んだあと陰府《よみ》に下ります。一方、貧しかったラザロは天に上げられた、という話です。

アッバは私たちの狭い思いを超えて、この世とあの世を含めてトータルで考え、バランスをとってくださいます。悪いことが続くときも自分だけが損をしていると卑屈にならず、良いことがあっても当然と思わず、おごらず、いつも感謝しつつ安心して毎日を過ごしたいものです。

幼子の心で天皇誕生日

『マタイによる福音書』一九章は、まず結婚について、神が結び合わせてくださったものを人が勝手に離してはならないということ（六節）、第二に、天の国は幼子のような者たちのものであること（一五節）、そして、人にできないことでも神にはできるということ（二六節）が、イエスさまのお言葉を含む三つの話として連続して語られています。

いずれも、アッバへの全幅の信頼――「幼子」のような無心を勧めていますが、その根底には、無条件・無制限に人を赦すアッバの悲愛があります。

幼子の心で受けん神の国

〈子どものように神の国を受け入れる人でなければ、決してそこに入ることはできない。〉（マルコ一〇・一五）

この短いイエスの言葉に幸福の秘訣が十全に説かれています。

第一は、幼子のように、アッバなる悲愛の神に全幅の信頼を寄せること。子どもは理屈が分かりません。しかし絶対信頼している父母の言うことには盲目的にすら従います。「手放しの信頼」と言ってもいいかもしれません。

第二に、神の国は向こうから――あちらから近づいて来るのであり、私たちはただ、それを「受け入れる」――迎え入れるだけでよいのだ、ということです。そもそもアッバのみ国を私たちは、自分たちの手で作り出したり、引き寄せたりできるようなものではないのです。

月満ちるとき花は花を忘れて咲く

〈主よ、いつ私たちは、……食べ物を差し上げ、……。いつ……お宿を貸し、

……。いつ……お訪ねしたでしょうか。〉（マタイ二五・三七～三九）

イエスさまは「この最も小さな者の一人にしたのは、すなわち、私にしたのである」（二五・四〇参照）と答えます。

この話はいろいろ示唆に富んでいます。一つのポイントは、これらの「小さな者」に手を差し伸べた人たちは、それがイエスさまに対する愛であるというような自覚を持っていなかった、ということです。「愛」ということを意識せず、目の前にいる困っている人を見て、いわば思わず手を差し伸べた、ということなのです。

キリスト教では愛が大切だと言われる。だから私はねじり鉢巻きで人助けをして、何としても頑張る……そういうことではない、ということです。

咲くべき時が来れば花は自然に花を咲かせます。しかも花はそれを意識してはいません。

「南無アバ」と叫びたくなる風の中

〈アッバ、父よ〉（マルコ一四・三六、ローマ八・一五、ガラテヤ四・六）

マルコとパウロだけが、イエスが話していたアラム語の「アッバ」をそのまま伝えていますが、イエスの祈りはすべて「アッバ」で始まっていたとも言われています。そして「パパ」を意味するこの幼児語こそが、イエスが命をかけて伝えたかった福音を明確に表現しています。

すなわち神はやさしい慈父のような方であり、無条件に私たちを赦し、生かしてくださっているということ、そしてどんなときにもイエスと共に私たちも「アッバ」に祈り、神への信頼を示す恵みが与えられているということ——福音。

コスモスは風に揺られるために咲く

〈アッバ、父よ、あなたは何でもおできになります。この杯を私から取りのけてください。しかし、私の望みではなく、御心のままに。〉（マルコ一四・三六）

この世の現実を生きる私たちには、さまざまな欲望もあるし、希望もあります。悪いことでなければそれを否定する必要はないし、大いに努力すべきでしょう。

しかし、得てして私たちの願望とアッバのみ心は違っていたりするのです。しかもアッバの指し示す道には、多くの苦労や困難が待ち受けていることが多いように思います。

私たちの一人ひとりの人生の本当の目的は、アッバだけがご存じなのです。ですから、私たちが何を願うにしろ、祈りの結びはゲツセマネでのイエスのこの祈りに倣い、「私の望みではなく、御心のままに」＝「南無アッバ」でしめくくることにしましょう。

赦されて生きよ幼子殉教忌

往々にして罪のない人や弱者が犠牲になる現実は、いつの時代も、今も変わりません。それは、直接加担しないまでも、私たちの内に潜む罪性と無関係ではありえないでしょう。

〈祭司長たちがイエスを引き渡したのは、妬みのためだと分かっていたからである。〉（マルコ一五・一〇）

二千年前のこの「祭司長たち」の「妬み」と根を同じくする罪性が、私たちの内にまったく潜んでいないなどと、だれが自信をもって断言できるでしょう。にもかかわらず、私たちは今こうして生かされている。赦されているから生きている。その現実に気づくことが、すでに「福音の初め」（一・一）なのです。

十字架の横木に休む目白かな

〈「されこうべ」と呼ばれている所に来ると、そこで人々はイエスを十字架につけた。犯罪人も、一人は右に一人は左に、十字架につけた。〉（ルカ二三・三三）

キリスト者にとって十字架は、イエスさまのご受難のシンボルです。しかし同時に、ご復活と主の栄光をも象徴しています。

十字架をじっと見つめていると、そこに人生の苦しみ・悩みと、そこからの解放・真の幸福へと――私たちを誘う秘義が黙想されます。

そうして、小鳥が静かにその翼を休めるように、私たちも主の十字架に安んじましょう。

梅雨明けてまさかの神は真なり

〈わが神、わが神、なぜ私をお見捨てになったのですか。〉（マルコ一五・三四）

〝神よ、私はあなたの御心のままを生き抜いたのに、どうしてあなたは私を見捨てるのですか〟と嘆いて死んでいったイエス。まさに〝神も仏もありはしない〟という絶望のただ中での十字架死――まことの神が、愛する独り子イエスを「まさか」見捨てるとは――。しかしさらに、その十字架上のイエスと共に、実はアッバは居られたという「まさか」の逆説の福音、そこに救いがあります。

十字架のまさかの中に潜む神

〈百人隊長は、【イエスが】このように息を引き取られたのを見て、「まことに、この人は神の子だった」と言った。〉（マルコ一五・三九）

十字架の苦しみのなかで「わが神、わが神、なぜ私をお見捨てになったのですか」と嘆いて死んだイエス。しかし「このように息を引き取られた」イエスをマルコは、「本当に、この人は神の子だった」――神が共にいた、と告白します。

神は、私たちが「まさか」と思うような所においでになるのです。「あのイエスさまに、まさかこんな死に方はありえない」という、その絶望の十字架上に、イエスと共に「まさか」のアッバはおられたのだという逆説。「復活」とはこの逆説を含んでいます。

十字架に成し遂げられし御業かな

〈イエスは、この酢を受けると、「成し遂げられた」と言い、頭を垂れて息を引き取られた。〉（ヨハネ一九・三〇）

イエスの十字架の死は、すべてが無に帰する単なる終わりではなく、生きとし生けるものの「救い」というイエスの役割、アッバのみ業の「完成の時」でした。

この十字架に心を合わせ、より頼む時、私たち各自の人生も、完成へと導かれていくのです。

イエスこそ近づき来たる冬の闇

イエスが十字架にかかって死なれた後、二人の弟子がエルサレムからエマオへと旅に出ます（ルカ二四章）。彼らはペトロと同じように、生前のイエスを見捨てたのですから（マルコ一四・五〇）、おそらくイエスを裏切った自己嫌悪を抱えながら、とぼとぼとうつむいて歩いていたことでしょう。そこへイエスご自身がそっと近づいてきて、恨み言一つ言わず、共に歩いて行かれます。弟子たちはそうとも知らず同宿し、ようやく復活の主であると分かります。

悩み苦しみにあるとき、そうと分からなくても、私たちはけっして孤独ではありません。いつか必ず、「あのときも主が共におられたのだ」と分からせてもらえる時が来ます。

十字架の果てにおみ風薫りけり

イエスの苦難の死を通して、私たちに注がれる神さまの息吹＝聖霊を、井上洋治神父は「おみ風さま」や「守導者」などと造語しました。

良いことをすれば祝福が与えられるが、悪いことをすれば徹底的に裁く、勧善懲悪の怖い裁判官のような神ではなく、慈父のように、慈母のようにどこまでも赦し包み込む神アッバ。
そのまなざしは、おみ風さまにより、時間と場所を越えて私たちに届いています（ヨハネ一六・七参照）。

春風に御言葉とけるニコデモス

〈風は思いのままに吹く。あなたはその音を聞いても、それがどこから来て、どこへ行くかを知らない。霊から生まれた者も皆そのとおりである。〉（ヨハネ三・八）
この聖句に出てくる「風」や「霊」と訳されたギリシャ語は、ともにプネウマという言葉で、ほかに「息」という意味もあります。
風が自由に吹き抜けるように、神の霊も自由に動きます。主導権は神にあるのですから人間がそのみ心に逆らうことはできません。
しかし同時に、自由な神の息吹き——聖霊、神の「み言葉」——キリストのなかで私たちも、本来の自由に招かれているのです。

真理よりイエスと共に春を待つ

〈私の言葉にとどまるならば、あなたがたは本当に私の弟子である。あなたがたは真理を知り、真理はあなたがたを自由にする。〉（ヨハネ八・三一～三二）

ドストエフスキーは、「たとえ真理がキリストの外にあったとしても、私は真理と共により、むしろキリストと共にとどまりたい」と言ったと言います。

自然科学的「真理」では手の届かない、別次元の「美しいキリスト」を慕い続けたドストエフスキー。その絶対信頼の心に共感します。

主の業の現われるため冬深し

〈この人が生まれつき目が見えないのは、……本人が罪を犯したからでも、両親が罪を犯したからでもない。神の業がこの人に現れるためである。私たちは、私をお遣わしになった方の業を、昼の間に行わねばならない。〉（ヨハネ九・二～四）

この世の不幸・不運は、けっして本人や親の罪のために起こるのではなく、アッバのみ業へ参与するものとなるのだ、と断言するイエス。そしてすぐ盲人の目を癒やします。

「私たち」にも同じように、アッバの「業を、昼の間に行わねばならない」と言います。まずは今日賜った、各自の一日を大切に生きましょう。

涙するイエスに安む独り鷺《さぎ》

〈イエスは涙を流された。〉（ヨハネ一一・三五）

『ヨハネによる福音書』には、イエスさまを「光の主」「栄光の主」と捉える記述もありますが、ラザロの死に際して、涙を流される主の姿も描かれています。嘆かれる主、落胆する主、そして怒る主など、私はこういう人間味あふれるイエスさまの姿が好きです。

長い伝統の中で練り上げられた、教会が教える教義というのは確かに大切には違いないのですが、直接福音書にあたって、こうしたイエスの人間臭さを感じさせる言葉に出会った時の喜び、そして安らぎ――。

本当に苦しい時に思い浮かぶのは、こうしたイエスの素朴な、率直な人間としての姿のように思います。

主を迎え入れしステファノ殉教忌

典礼暦では、主イエスの誕生を祝った翌日、すなわち十二月二十六日が、キリスト者として最初の殉教者ステファノを記念する祝日になっています。〈人々は大声で叫びながら耳を覆い、ステファノ目がけて一斉に襲いかかり、都の外に引きずり出して石を投げつけた。証人たちは、自分の上着を脱いで、サウロと言う若者の足元に置いた。〉（使徒言行録七・五七〜五八）

福音記者ルカは、パウロ（サウロ）をこの殉教に立ち会わせることによって、イエスの悲愛を体現したキリスト者たちの行動がパウロを回心に導いたということを言いたかったのだ、と井上洋治神父は推測します。神の摂理の不思議さ、巧みさを思います。

三

このままでいいと言う神松過ぎぬ

〈しかし、不信心な者を義とされる方を信じる人は、働きがなくても、その信仰が義と認められます。〉（ローマ四・五、新共同訳）

「不信心な者を義とされる」アッバは、「働きがなくても」アッバへの「信仰（信頼）」によって、その人を「よし！」と認めてくれる、というのです。

これは驚くべき福音です。「不信心」――信仰もおぼつかない、働きもない、何事にも自信がない、そう自覚し、「こんな私ですが、よろしくお願いします」と神に南無（帰依）するときにこそ救いは近くにあるのです。

十字架に溶かす苦難や寒晒し

〈アッバの「おみ風さま」は、私たちの弱さを助けてくださり、イエスさまも、ご自分の背負われた十字架の苦しみに、私たちの苦しみをとけこませ、私たちの代わりに祈ってくださると信じます。〉（『井上洋治著作選集5』三五頁）

私たちが自分の苦しみに喘《あえ》いで、どう祈っていいかも分からないとき、「言葉に表せない呻《うめ》きをもって執り成してくださる」（ローマ八・二六）「おみ風さま」＝聖霊と共に、イエスは私たちと苦しみを共にすることによって、アッバへの私たちの代祷者となってくださいます。

うわ言の「アッバ」と聞こゆ夜長し

〈あなたがたは、……子としてくださる霊を受けたのです。この霊によって私たちは、「アッバ、父よ」と呼ぶのです。〉（ローマ八・一五）

〈神を愛する者たち……のためには、万事が共に働いて益となるということを、私たちは知っています。〉（八・二八）

『ローマの信徒への手紙』八章は、パウロ神学の頂点をなすと言われます。聖霊＝おみ風さまによって私たちが、神を「パパ！」と親しく呼べるのだというこ と、悪事をも含めた「万事」をアッバは「益となるように」取り計らってくださるのだということなど、キリスト信仰にとって重要な教えが凝縮されています。

神を呼び神を疎ましく生きている

私が俳句を始めて、山頭火や放哉のいた自由律俳句誌「層雲」に最初に載った句です。

口語で、ほぼ定型ですが、無季です。とても俳句作品とは呼べないようなものですが、自分としては今もこの処女作が、おのが求道の原点のような気がして、愛着を持っています。

〈主の名を呼び求める者は皆、救われる。〉（ローマ一〇・一三）

イエスに惹《ひ》かれながらも、なかなかキリスト教に近づけず、悶々としていた日々――。ほどなく遠藤周作の本を通して、井上神父に出会うことになります（拙著『すべてはアッバの御手に』プロローグ）。

今振り返れば、一度神に捕まった者は、どんなに逃げようとしても追いかけてくる、そんな感覚でしょうか。

共感はゆるし安らぎ産みにけり

パウロは言います、
〈喜ぶ者と共に喜び、泣く者と共に泣きなさい。〉（ローマ一二・一五）
また「風の家」では、哀しみや痛みを背負って重い人生を歩んでいる「人々の心を映しとれる友の心をお与えください」と祈ります。
心に共感が生まれるとき、私たちは人を許すことができます。そして許しは許される者にも許す者にも安らぎを与えます。

何もかも十字架に込め梅雨の夜

パウロは伝道旅行の大変な困難の中で、
〈……イエス・キリスト、それも十字架につけられた（ままの）キリスト以外、何も知るまいと心に決めていた。〉（一コリント二・二）
と言います。
私たちも十字架のイエスさまに心を向けつつ、さらにそれを「復活」の光の中で眺めるとき、人生の喜怒哀楽がすっぽりアッバのみ手のうちにあることを知らされます。

欠けにこそ神は宿らん旱梅雨

「キリストの体」(一コリント一二章)である私たちの中で、「神は劣っている部分をかえって尊いものとし」(二四節)てくださいます。神の「力は弱さの中でこそ十分に発揮される」(二コリント一二・九、新共同訳)のです。

この逆説を生きるために私たちも、「キリストの苦難の欠けたところを、身をもって満た」すよう促されています(コロサイ一・二四)。

遅速ある紅葉やすべて主の体

〈これらすべてのことは、同じ一つの霊の働きであって、霊は望むままに、それを一人一人に分け与えてくださるのです。〉(一コリント一二・一一)

百メートルを十秒で走りぬけるのはすばらしいことですが、十メートルをゆっくり歩くことで見えてくるものもある。
私たちは、全体の中における自分の役割というものが見えてくるとき、一方的に他者を批判したり、自分を卑下することなく、自立していきいきと生きていくことができるようになります。

主の業にいざ励まんや冬木立

〈しっかり立って、動かされることなく、いつも主の業に励みなさい。あなたがたは自分たちの労苦が、主にあって無駄でないことを知っているからです。〉（一コリント一五・五八）
「主にあって」なされた労苦は無駄になることはありません。どんな小さなことでも、あちら様＝神・アッバが主役であるという自覚（祈り）の中で行われるならば、死によっても朽ちない「主の業」となるのです。
日々のささやかな行いが、大きな意味を持ちます。南無アッバ。

大寒や見えないものに目をそそぐ

〈私たちは、見えるものではなく、見えないものに目を注ぎます。見えるものは一時的であり、見えないものは永遠に存続するからです。〉（二コリント四・一八）

五万年前の人類の大躍進「ビッグバン」の起こりは、人間が神や美意識に目覚めたことによるのだそうです。一見実用的ではない、「見えないもの」に目を注いだことによって、その情熱が「見えるもの」を加速度的に進歩させたのです。その目覚めは史上初の〝啓示〟だったのかもしれません。

弱さこそ神の力や蚯蚓《みみず》鳴く

〈それで思い上がることのないようにと、私の体に一つの棘《とげ》が与えられました。それ……について、離れ去らせてくださるように、私は三度主に願いました。〉（二コリント一二・七～八）

何らかの病の治癒を願ったパウロですが、主からは「私の恵みはあなたに十分である」（一二・九）と言われました。ただし、神の「力は弱さの中で完全に現れるのだ」（同）とも言われます。

キリストの福音は逆説に満ちています。弱さゆえに十字架につけられたイエスを見上げるとき、私たちはパウロとともに、「私は、弱いときにこそ強い」（一二・一〇）との信仰を頂くことになるのです。

キリストがわが内に生く冬の朝

パウロは「生きているのは、もはや私ではありません。キリストが私の内に生きておられるのです」（ガラテヤ二・二〇）と言いました。ただしこのキリストは、今も「十字架につけられたままでいる」キリストです。

今あなたが苦しみの中にあるなら、その苦しみを祈りの中で、この十字架のキリストに合わせるとき、十字架の主と共に私たちはアッバに抱き上げられることになるのです——十字架の福音。

十字架のままなるイエス年越さん

〈ああ、無分別なガラテヤ人たちよ。あなたがたには両目の前に、十字架につけられてしまったままのイエス・キリストが公けに描き出されたのに、誰があなたがたをたぶらかしたのか。〉（ガラテヤ三・一、岩波訳）

パウロにとって復活されたイエスさまというのは、神さまの横に鎮座しておられるのではなく、今も十字架にかかったままの姿でおられるのです。

この節では、「十字架につける」スタウロオーの受動態現在完了分詞エスタウローメノスという言葉が使われています。（他に一コリント一・二三、二・二なども）。神学者・青野太潮氏によれば、パウロにとってイエスの十字架は、直接的には「呪い」「躓《つまず》き」「愚かさ」「弱さ」にほかなりませんが、しかし同時に、真の「祝福」「救い」「賢さ」、そして「強さ」なのだと言います。

この「逆説の福音」をパウロは自らの実存をかけて——眼前に示され続けている主の十字架に託して——生き切ったのでした。

元旦やアバと呼ぶ霊賜りぬ

〈あなたがたが子であるゆえに、神は「アッバ、父よ」と呼び求める御子の霊を、私たちの心に送ってくださったのです。〉（ガラテヤ四・六）

井上洋治神父が説教や著作の中で、繰り返し引用した聖句です。ここには、イエスが命をかけて伝えたかった母性原理の神アッバへのパウロの信仰と、キリスト者の希望が込められています。

私たちが悲しみや苦しみに出会うとき、「ああ、アッバ、どうしてこうなってしまったのですか。助けてください！」とゲッセマネやゴルゴタの「御子」に倣って「呼び求める」ときこそ、私たちは「神の子」であることの確信を抱くことができるのです。

おみ風にまかせて生きよ寒の月

〈霊によって歩みなさい。〉（ガラテヤ五・一六）

この聖句を、井上神父は、

〈風に己を委《まか》せ切ってお生きなさい〉

と意訳します。

私たちは神さまの子どもとして、「アッバ」と叫ぶ「霊」(四・六)=「息吹」(プネウマ)=「風」を頂いているのですから、あとは、その導きにお委ねしていけばよいのです。

四

吾らみな神の作品沼涸るる

〈私たちは神の作品であって、神が前もって準備してくださった善い行いのために、キリスト・イエスにあって造られたからです。〉（エフェソ二・一〇）

晩年の井上神父は、この聖句を繰り返し口にされていました。どんな人生も「神の作品」である限り、神さまの心が込められています。

老いて病んでいくとも、気負わずに、丹精込めて造ってくださった神の思いに素直に応えていきたいものです。

思いをもアッバにゆだね山眠る

〈あなたがたが何か別の考え方をしているなら、神はそのことも明らかにしてくださいます。〉（フィリピ三・一五）

日々の生活は迷いの連続――ああかもしれない、こうかもしれない……。しかしたとえ未熟な判断でも、最後はアッバに委ねるなら、必要な修正はアッバが示してくださる、そしてアッバが責任をもってくださいます。

主にありて常に喜べ浮寝鳥

〈主にあっていつも喜びなさい。もう一度言います。喜びなさい。〉（フィリピ四・四）

キリスト者にはおなじみの聖句ですが、なかなか文字どおりには難しいことです。たまに、あるいは時々は喜べても、「いつも」となると自信がなくなってきます。

そう思ってもう一度聖書を見る。ありました！　どんな時でも喜べる根拠が。次節、〈……主はすぐ近くにおられます！〉（四・五、新共同訳）

キリストの苦の欠け満たせ大枯野

〈今私は、あなたがたのために喜んで苦しみを受けており、キリストの体で

ある教会のために、キリストの苦難の欠けたところを、身をもって満たしています。〉（コロサイ一・二四）

「欠けたところを満たす」――イエスの苦しみだけでは、救いに不十分だったのでしょうか。

ここはそうではなく、イエスの十字架の苦しみに、私たちが日々の苦しみを通して連なること、それは人々と「キリストの体である教会」に連なることなのです。その時イエスと共に、私たち皆が共に救われるのだ、そう言われているのではないでしょうか。

キリストにありて歩まん年の暮

〈あなたがたは、主キリスト・イエスを受け入れたのですから、キリストに結ばれて歩みなさい。〉（コロサイ二・六、新共同訳）

ここで「キリストに結ばれて」と訳されている箇所は、直訳では「彼（キリスト）のうちに」（エン　アウトー）です。近年発行された、『聖書協会共同訳聖書』では「キリストにあって」となっています。

この訳のほうが、キリストが生きとし生けるものを生かす「場」としての意味合いが出てくる、と井上神父は言います。

気負うことなくアッバにお任せして、来年もありたいと思います。

主と共に隠れし命山眠る

〈あなたがたはすでに死んで、あなたがたの命は、キリストと共に神の内に隠されているからです。あなたがたの命であるキリストが現れるとき、あなたがたも、キリストと共に栄光に包まれて現れるでしょう。〉（コロサイ三・三〜四）

私たちはキリストと共に死んで、共に復活させられ、「共に栄光に包まれ」る、と言います。ただし、キリストが現れるまでは、「命は、キリストと共に神の内に隠されている」のです。

あくまで「隠れている」のであって、なくなるわけではない。けっきょく私たちは、いつでもどこでも主と共にいることになります。

感謝込め祈り祈られ冬至かな

〈たゆまず祈りなさい。感謝のうちに、目を覚まして祈りなさい。同時に、私たちのためにも祈ってください。〉（コロサイ四・二〜三）

師走です。この時期はいつもせわしないのですが、『コロサイの信徒への手紙』は、さまざまなアドバイスの後、最終章で、「だれだれによろしく」「だれだれがよろしくと言っています」と繰り返し伝えて結ばれています。

今年もいろいろありましたが、やはり最後は感謝と祈り合いで終わりたいものです。

神在《い》ます正造の聖書《ほん》と石三つ

〈聖書はすべて神の霊感を受けて書かれたもので、人を教え、戒め、矯正し、義に基づいて訓練するために有益です。〉（二テモテ三・一六）

日本最初の公害問題とされる足尾鉱毒事件に奔走した田中正造は、衆議院議員を辞職して、天皇に直訴までしました。反対運動に全財産を投げ打ち、彼が最後に遺したものは、信玄袋に入った日記や新約聖書、そして小石三つだけだったと言います。

正造は生涯洗礼を受けることはありませんでしたが、獄中で聖書に接してから、文字どおりみ言葉を行う人になっていきます。

私たちは、「キリスト者とは何か」と問われているような気がします。

人生はマラソンなりや小正月

〈私は、闘いを立派に闘い抜き、走るべき道のりを走り終え、信仰を守り通しました。今や、義の冠が私を待っているばかりです。〉（二テモテ四・七〜八）

井上神父は、人生を「マラソン」にたとえ、老いの始まりはその「折り返し地点」だと言います。そこからは人生のゴール＝死＝完成に向かって神さまの懐に帰る準備をしていくことになります。

自分なりの十字架を負いつつも、喜々として帰途につきたいものです。

秋の地に立つあの方へ続く地に

〈この大祭司は、私たちの弱さに同情できない方ではなく、罪は犯されなかったが、あらゆる点で同じように試練に遭われたのです。〉（ヘブライ四・一五）

井上洋治神父は、私たちは神という大海に浮かぶ底の抜けた樽《たる》のようなものだと言いました。木の樽である私たちは自力ではなく自然の浮力、つまり神という海水によって下から支えられて浮かぶ、すなわち生かされています。そしてその樽は底が抜けている。このことによって、私たちの中に入りこんでいる海水＝神が、他の生きとし生けるものと私たちをつないでいるのです。

そこで私は、陸・大地も同じように考えられるのではないか、と思ったのです。イエスさまが二千年前にお立ちになり、生活したガリラヤ。そこは日本からは八千キロも離れていますが、その地殻、大地は山をたどり、海底を経て間違いなくつながっています。

そう考えただけで、力が湧いてきます。

聖と化すイエスの体息白し

〈この御心に基づいて、ただ一度イエス・キリストの体が献げられたことにより、私たちは聖なるものとされたのです。〉（ヘブライ一〇・一〇）

旧約の献げ物を廃して「キリストの体」が献げられたということは、新約において神が「アッバ」（パパ）なるご性格を顕現させたということです。つまり、旧約の罪と罰の厳しい父性原理から、新約の無条件無制限の赦しを本義とする母性原理へと神観の転換がなされたことを意味しているのです。

主にありて主のごと歩め冬の空

〈神の内にとどまっていると言う人は、イエスが歩まれたように、自らも歩まなければなりません。〉（一ヨハネ二・六）

「イエスのように歩め」などと言われたら、たいていの人は引いてしまうかもしれません、「とてもそんなことはできません」と。

しかし、それはイエスがしたことと同じこと――愛、奇跡、受難……をしろということではありません。それが自力でできるのであれば、そもそもイエスは必要ありません。

あるいはせめてまねをしろ、ということでもないでしょう。そんなことをすれば、たちまち私たちは、イエスが最も嫌ったうわべだけを取り繕う「偽善者」になりかねません。

このことについて、井上神父は言います、「イエスの個々の行為ではなく、それらが出てくる姿勢をこそ見つめなさい」と。

春の日をあまねく入れしガラス窓

井上洋治神父は、イエスを「ガラス窓」のような方であると、よく説明してくれました。そういう透明な方だからこそ、アッバの温かなまなざしをそのまま私たちに届けることができたのです。

しかし完全に、アッバの息吹を生きとし生けるものに注ぎこむためには、イエスという「ガラス窓」は自ら壊れなければならなかった。それが十字架上の死の意味だったのです。

あとがき

作家・遠藤周作とともに「日本人とキリスト教」というテーマを生涯追い求め、日本人の心の琴線に触れる福音表現を模索する「風の家」運動を展開してきた井上洋治神父は、次のように述べています。

「古来日本人が大切にしてきた「物の哀れを知る」こととキリスト教の悲愛（アガペー）とは深いつながりを持っており、イエスさまはまことに「物の哀れを知り」、生きぬかれた方だった。そしてそれは深いところで日本の歌道や俳諧の道につながるものである。」（『井上洋治著作選集5』「私の血のなかに流れているもの」より）

筆者は二十代半ばから井上神父に師事し、以来、「俳句は祈り」をモットーに「求道俳句」を、仲間と共に作り続けてきました。近年、これまで発表してきた作品を何冊かの求道俳句集にまとめるとともに、井上神父が創刊した「風（プネウマ）」誌に十八年間連載してきた「井上洋治神父の言葉に出会う」というエッセイも、四冊のシリーズ（聖母文庫）として完結したところです。

本書中、第Ⅰ部「キリスト者が読む山頭火」は、筆者が一九九〇年以来主宰する求道俳句誌「余白の風」に連載してきたものをまとめました。

第Ⅱ部「南無アッバミサ前小話」は、井上神父が晩年、四谷の「幼きイエス会」二階の聖堂で毎月行っていたミサの前に、「風」編集室の山根道公氏と筆者が交代で何か話をするように、との神父の依頼によって行った短い話から抜粋したものです。

第Ⅲ部「俳句で祈る」は、これまで発表してきた拙作品から自選し、およそ新約聖書の目次順に自句自解を試みたものです。冒頭に、初心の方の参考になればと思い、求道俳句の作り方の例を付しました。既刊『俳句でキリスト教』（サンパウロ、二〇〇五年）では、広く現代俳人の作品を使って日本人の感性で受け取れるキリスト教を模索しましたが、本書はその姉妹編とも言うべき内容となっています。

本書の出版にあたり、ご高配を賜りましたサンパウロ編集部のスタッフに心よりお礼申し上げます。

いま「風の家」運動は、井上神父を直接知らない第二世代に引き継がれようとしています。本書がそうした人たちの活動の参考となり、ひいては日本人の福音理解に少しでもお役に立てるなら、著者として幸甚の至りです。

二〇二二年　降誕節

平田　栄一

聖書の引用は『聖書　聖書協会共同訳』（日本聖書協会）を使用させていただきました。

著者紹介

平田　栄一（ひらた　えいいち）

1955年　埼玉県生まれ。

慶応義塾大学商学部卒。

県立高校地歴・公民科講師。カトリック俳人・歌人。

求道俳句誌「余白の風」主宰。井上洋治神父の「風の家」運動を引き継ぎ、在宅講座「井上洋治神父の言葉に出会う」（YouTube）などを開催。

1990年　「層雲」新人賞ほか。

著書　『俳句でキリスト教』（サンパウロ）、シリーズ『井上洋治神父の言葉に出会う』Ⅰ～Ⅳ（聖母文庫）、求道俳句集『アッバを呼ぶ』ほか。

ブログ　「南無アッバ」を生きる

俳句《はいく》で祈《いの》る

著　者—— 平田　栄一

発行所—— サン パウロ

〒160-0011 東京都新宿区若葉 1-16-12
宣教推進部（版元） Tel. (03) 3359-0451　Fax. (03) 3351-9534
宣教企画編集部　Tel. (03) 3357-6498　Fax. (03) 3357-6408

印刷所—— ㈱ 平河工業社

2023 年 3 月 20 日　初版発行

ISBN978-4-8056-7040-8　C0016